AF317686

AIDE-MÉMOIRE

DE

L'OFFICIER DE L'ÉTAT-CIVIL

Précédé

DES DEVOIRS

QUE MM. LES MAIRES ONT A REMPLIR CHAQUE MOIS,

ET

D'UNE INSTRUCTION

Sur les remèdes à appliquer aux asphixiés
et aux personnes mordues par des
chiens enragés.

Metz,

IMPRIMERIE DE Ch. DIEU, PLACE CHAPPÉ, N° 1 bis.

———

1846.

A MESSIEURS

LES MAIRES DU DÉPARTEMENT DE LA MOSELLE.

Messieurs,

AIDE-MÉMOIRE de l'Officier de l'état-civil, comprenant une analyse des principaux travaux que vous êtes appelés à remplir chaque mois, tel est le titre d'un petit ouvrage que j'ai l'honneur de vous soumettre.
. Ce n'est ni un traité, ni un commentaire sur les actes de l'état-civil, mais tout simplement un recueil de préceptes extraits des Lois, Décrets, Ordonnances, Avis du Conseil d'État et Décisions ministérielles qui ont trait à cette matière; ce n'est point non plus, Messieurs, une analyse des nombreuses Lois et Instructions que vous êtes appelés, par la diversité des travaux que comportent vos fonctions de Maire, à remplir chaque jour, mais un tableau des principaux devoirs relatifs à l'administration municipale.
Ce Recueil est complété par des formules au nombre de plus de quarante, c'est-à-dire le plus grand nombre de modèles qui aient paru jusqu'à ce jour dans un formulaire, et composées avec beaucoup de soin. Je me suis attaché à rédiger chacune de ces formules en particulier, et de manière qu'elle ne s'écarte pas des règles tracées par le Parquet de la Cour royale de Metz aux Officiers de l'État civil.
Vous avez presque tous, Messieurs, trop peu de temps à dérober à vos propres affaires et à vos travaux habituels, pour vous livrer aux études qu'il faudrait entreprendre pour acquérir toutes les notions qui sem-

vi

blent nécessaires pour exercer, en pleine connaissance de cause, vos fonctions municipales ; d'un autre côté, le prix des ouvrages qui contiennent les dispositions que je rappelle ici, n'est point en rapport avec les ressources d'un grand nombre de Communes de ce Département. J'ai donc cru vous être agréable, en rassemblant en un petit recueil : 1° le texte des Lois qui régissent les Actes de la plus haute importance que vous êtes appelés à rédiger ; 2° vos principaux travaux de chaque mois et ; 3° une instruction indiquant les premiers soins à donner aux asphixiés.

Les·Actes de l'état-civil, vous le savez, Messieurs, touchent aux intérêts les plus graves des familles et de la société : naissance, mariage, décès, vous constatez ces trois grandes époques de la vie, et vous êtes en quelque sorte le dépositaire des archives des familles, aussi l'administration départementale et M. le Procureur-Général, ont ils recommandé souvent la plus grande régularité dans les écritures des Actes de l'état-civil. La tenue des registres de l'état-civil. disait M. le Préfet, dans sa circulaire du 4 septembre 1839, est l'un des objets du service public qui exigent le plus spécialement les soins des fonctionnaires municipaux auxquels elle est confiée ; et en effet, Messieurs, de toutes les institutions qui tendent à maintenir l'ordre dans la société, la paix et la tranquilité dans les familles et à régler la transmission des propriétés, la plus importante est sans contredit l'établissement des registres de l'état-civil.

Les travaux que vous avez à remplir dans le courant de l'année, écartés de tout ce qui pouvait en rendre la lecture ou les recherches pénibles ou fastidieuses, se trouvent tracés, mois par mois et presque jour par jour. En même temps que vous trouverez dans l'analyse de ces travaux les moyens de vous faciliter l'accomplissement de vos fonctions, vos Secrétaires, Messieurs, y puiseront des éléments propres à les guider dans l'accomplissement de leurs devoirs.

Enfin, Messieurs, me rappelant que la Magistrature paternelle dont vous êtes investis ne vous permettait pas de rester étranger à rien de ce qui pouvait être utile à vos concitoyens, j'ai indiqué, parmi les devoirs que vous êtes appelés à remplir, quelques moyens de prévoyance sociale.

J'ai habité la campagne assez longtemps, et j'ai pu reconnaître (je suis fils d'un médecin) que l'on y connaissait peu les remèdes qu'il convient d'administrer soit aux personnes qui ont été mordues par des chiens enragés, soit aux personnes asphixiées par submersion, strangulation et par le froid; il existe même quelques préjugés que vous ne pouvez trop chercher à détruire, et il ne me semble pas impossible d'arriver à ce but, Messieurs, en publiant souvent les instructions que j'ai transcrites aux pages :

11. — Pour une personne mordue par un animal enragé.

12. — Pour une personne noyée.

17. — Pour un asphixié par le froid.

19. — Pour une personne asphixiée par strangulation (pendu).

Ces instructions, Messieurs, sont extraites d'un avis du Conseil de salubrité du 10 juin 1833, et il ne peut s'élever aucun doute sur l'efficacité de leur application.

Ce petit ouvrage n'a par lui-même aucune espèce de mérite, mais il peut être utile et c'est le but que j'ai cherché à lui donner. Je désire, Messieurs, qu'il trouve quelqu'accueil parmi vous.

Je suis bien sincèrement,

Messieurs,

Votre très-humble et tout dévoué serviteur,

Édouard SAUER.

Archiviste de la Préfecture.

ERRATA.

Page 3,   ligne 15, au lieu de — Voir n° 293, — lisez — voir n° 290.
— 35,   — 32, au lieu de — Art. 52 du code civil, — lisez — art. 28 du code pénal.
— 50,   — 10, au lieu de — Code civil, art. 150, — lisez — code civil, article 160.
— 53,   — 14, au lieu de — Par l'art. 193 du code civil, — lisez — par l'art 192 du code civil.
— 57,   — 6 et 7, au lieu de — Art. 195 du code civil, — lisez — Art. 195 du code pénal
— 73,   — 13, 21, 24, au lieu de — Code civil, art. 83, — lisez — code civil, art. 85.
— 74,   — 5, au lieu de — Art. 259 à 260 du code pénal, — lisez — art. 359 à 360 du code pénal.

AIDE-MÉMOIRE

DE

L'OFFICIER DE L'ÉTAT-CIVIL.

DEVOIRS

DE MM. LES MAIRES.

TRAVAUX DE CHAQUE TRIMESTRE.

Avant de tracer les devoirs que MM. les Maires ont à remplir chaque mois, nous commencerons par indiquer les travaux auxquels ces fonctionnaires sont astreints dans les premiers jours de chaque trimestre ; ainsi, dans les *dix premiers jours* des mois de *janvier, avril, juillet* et *octobre* de chaque année, MM. les Maires doivent :

RÉPERTOIRE DES ACTES SOUMIS A L'ENREGISTREMENT.

1° Soumettre au visa du Receveur de l'Enregistrement et des Domaines, quand bien même on y aurait inscrit aucun acte, *le Répertoire* des actes sujets à l'Enregistrement, qu'ils doivent tenir, aux termes de l'article 49 de la loi du 22 frimaire an VII.

ENVOI DES ACTES DE DÉCÈS.

2° Envoyer au Receveur de l'Enregistrement et des Domaines, l'État des décès arrivés dans le trimestre précédant *(Loi du 22 frimaire an VII article 55)*

DÉCÈS DES MARINS.

3° Transmettre au Préfet, un état des marins décédés dans

leur commune pendant le dernier trimestre. — Cet état doit faire connaître les noms, prénoms, âge, le grade et la quotité annuelle de la pension des marins décédés.

Décès des membres de la légion-d'honneur.

Adresser au Préfet, la liste des membres de la légion-d'honneur décédés dans le trimestre précédent. (Voir la circulaire du 6 septembre 1820, page 193 du recueil administratif, n° 27).

Condamnation de police.

Envoyer au Procureur du Roi, conformément à l'article 78 du Code d'Instruction criminelle *(Ceci concerne les Maires des communes non chefs-lieux de canton)*, un extrait des jugements de police qui auront été rendus dans le trimestre précédent, et qui auront prononcé la peine d'emprisonnement.—Lorsqu'il n'y a été prononcé aucune condamnation, les Maires doivent envoyer un certificat négatif.

Mandats de traitement.

Remettre aux agents salariés sur les fonds communaux et qui doivent recevoir leur traitement par semestre, le mandat pour la portion échue. (Instituteur, Institutrice, Garde-champêtre, Sergent de police, Secrétaire de la mairie, etc.

TRAVAUX DE CHAQUE MOIS.

JANVIER.

ÉTAT CIVIL.

DÉPÔT DES REGISTRES.

Dans le courant de janvier, les Maires enverront au greffe du Tribunal de première instance l'un des deux doubles des registres de l'État civil arrêtés au 31 décembre. Ils doivent en retirer récépissé qu'ils déposent dans les archives de la mairie.

TABLES ALPHABÉTIQUES ANNUELLES.

Dans la première quinzaine de ce mois, les Maires dresseront une table alphabétique annuelle des actes contenus dans les registres, et l'annexeront à chacun des doubles. *(Voir n° 288).* Les Maires certifieront et signeront, avant de les remettre au Greffier du tribunal, ces tables faites sur papier timbré aux frais de la commune *(voir n° 293).*

LISTES DES ÉLECTEURS COMMUNAUX.

La révision des Listes de l'année précédente doit *commencer le 1er janvier* (loi du 21 mars 1831, article 40). — La publication, l'affiche, le dépôt au secrétariat de la mairie et l'envoi de ces listes à la Sous-Préfecture doivent être faits *le 8 du même mois. — Ce délai est de rigueur.* — Les réclamations qui s'éleveraient, de ce jour au 7 février suivant à minuit, doivent être jugées par le maire, sur l'avis d'une commission de trois membres du conseil municipal (idem article 35) — du 8 janvier au 20 du même mois, les Maires doivent adresser au Sous-Préfet, un double de l'affiche.

RECRUTEMENT.

RECENSEMENT.

Les Maires dressent, dans ce mois, les tableaux de recensement des jeunes gens soumis au tirage. — Ils doivent s'atta cher à écrire correctement le nom des jeunes gens et suivre l'orthographe des actes de l'État civil.

ENGAGEMENT VOLONTAIRE.

Dans les quinze premiers jours de ce mois, les Maires envoient au Sous-Préfet, les tableaux nominatifs des engagements volontaires qui ont été contractés par-devant eux dans le courant de l'année précédente. — Lorsqu'il n'y a pas eu d'engagement, les Maires doivent adresser un état négatif.

LISTE D'ÉMARGEMENT.

Dès que les Maires ont reçu de la Préfecture la liste dite *d'émargement,* où sont transcrites les décisions du Conseil de révision relatives aux jeunes gens de la dernière classe, ils doivent reporter textuellement les décisions sur le tableau de recensement, en regard du nom des jeunes gens qui en ont été l'objet, afin d'y avoir recours au besoin. Ces annotations faites, la liste d'émargement devra être affichée à l'endroit où déjà les tableaux de recensement et la liste du tirage ont été placardés, conformément à la loi du 21 mars 1832.

ÉCHENILLAGE.

L'échenillage des arbres est prescrit tous les ans par M. le Préfet, qui rappelle à cet effet les dispositions de la loi du 24 ventôse an IV et l'article 471 du code pénal. — L'échenillage devant se faire du 1er *janvier au* 20 *février.* Il est de toute nécessité que MM. les Maires publient l'arrêté de M. le Préfet aussitôt qu'il leur est parvenu.

MOUVEMENT DE LA POPULATION.

Les Maires doivent faire parvenir, en janvier, à M. le Préfet, le relevé du mouvement de la population de leur commune pendant l'année précédente. — Ce relevé a lieu au moyen d'un imprimé qui est adressé annuellement à MM. les Maires.

VACCINE.

Les Maires dressent et envoient à la Préfecture, dans le mois de janvier, l'état des vaccinations pratiquées pendant l'année précédente. — Alors même qu'il n'aurait pas été vacciné d'enfant; cet état ne devrait pas être négatif, il faudrait indiquer le nombre de ceux qui sont nés dans le courant de l'année.

SESSIONS DES CONSEILS MUNICIPAUX.

Les Maires doivent, dans *les derniers jours* du mois de janvier, convoquer, par lettres individuelles rendues à domicile, les conseillers municipaux, pour la session ordinaire du mois de février.

POIDS ET MESURES.

Aussitôt que M. le Préfet a fixé le jour auquel doit commencer la vérification des poids et mesures, le Maire doit en donner immédiatement avis à ses administrés.

POSTES AUX LETTRES.

Les facteurs ruraux sont obligés de prendre, au moins deux fois par an, en janvier et en juillet, et en présence du Maire, l'empreinte du timbre qui est fixé à demeure dans les boites aux lettres des communes qu'ils parcourent. — Le Maire ne peut se refuser à assister à la levée des empreintes et à signer les trois formules du procès-verbal.

ENGAGEMENTS VOLONTAIRES.

1° Envoyer aux Sous-Préfets les tableaux nominatifs des engagements volontaires qui ont été contractés par-devant eux dans l'année précédente. — Lorsqu'il n'y a pas eu d'engagement contracté, ils doivent envoyer un état négatif.

LISTES DES INDIGENTS.

Les Maires doivent envoyer, tous les ans au mois de janvier, au Préfet, une liste générale des indigents de leur commune. — Avec des observations particulières sur chacun d'eux.

MESURES D'ORDRE.

Faire relier le *Recueil administratif, le Bulletin des Lois* et les autres publications périodiques que la commune pourrait recevoir et qui doivent être conservées avec soin dans les archives de la Mairie.

FÉVRIER.

LISTE DES ÉLECTEURS COMMUNAUX.

Le terme de recours devant le Maire expire le 7 février à minuit. — Le 15 du même mois est le terme des décisions du Maire et de leurs notifications aux parties. — Le même jour ont lieu la *publication* et l'envoi à la Sous-Préfecture du 1er *Tableau* de rectification. — Les appels, devant le Préfet contre les décisions du Maire, peuvent avoir lieu jusqu'au 2 mars. (Articles 34, 35 et 36 de la loi du 21 mars 1831.

ÉCHENILLAGE DES ARBRES.

L'échenillage des arbres des propriétés publiques et particulières doit être terminé le 20 février de chaque année — *(Loi du 26 ventôse an IV)*. — Voir le mois de Janvier. — Les Maires doivent, en conséquence, visiter du 20 au 28 février au plus tard. — Tous les terrains garnis d'arbres, arbustes, haies ou buissons, pour s'assurer que l'échenillage a été fait exactement. — Lorsque le Maire est empêché, il est remplacé par l'Adjoint qui, comme le Maire, se fait assister du Garde-champêtre. — S'il n'avait pas été exécuté, il y serait pourvu conformément aux dispositions prescrites par l'arrêté de M. le Préfet. — Les délinquants seraient ensuite traduits devant le Juge de paix.

FERMETURE DE LA CHASSE.

Le Maire doit faire publier, aussitôt qu'il lui sera parvenu de la Préfecture, l'arrêté qui ordonne la fermeture de la chasse.

CARNAVAL.

Les Maires doivent, suivant les besoins et l'importance de leur localité, prendre des arrêtés, tant dans l'intérêt des mœurs que pour la sûreté publique, au sujet des mascarades. — Voir le modèle d'arrêté n° 685 du dictionnaire des formules, par Paul Dupont.

CURAGE DES FOSSÉS.

Le curage des fossés le long des chemins communaux ayant

une grande influence sur la circulation ; les Maires doivent, dès les premiers jours de mai, prescrire par un arrêté , à tous les riverains, d'effectuer, dans le courant de février, le curage des fossés.

ÉLAGAGE.

Les Maires peuvent enjoindre , par affiches ou au son de la caisse, aux propriétaires riverains, d'élaguer ou de faire élaguer, dans les dix jours, les haies ou arbres qui , par leurs branches, sont dans le cas d'obstruer le passage dans les rues *ou voies publiques.*

Il est convenable de prescrire cet élagage dans les quinze premiers jours de février.

TRAVAUX COMMUNAUX.

S'il y a des constructions à faire , les Maires doivent en entretenir le Conseil, afin qu'il autorise , le cas échéant, la vérification des lieux et la rédaction des plans et devis.

MARS.

LISTE DES ÉLECTEURS COMMUNAUX.

Le 2 mars est le terme des appels , soit devant le Préfet, soit devant le Tribunal civil, contre les décisions du Maire. — Le 31 du même mois a lieu la publication du second tableau de rectification et la clôture de la Liste des Électeurs communaux. (Voir à cet effet le Code municipal, pages 132, 133, 134 et 135).

ÉCHENILLAGE.

Avant le 10 de ce mois, les Maires doivent informer le Préfet que l'échenillage a été exécuté dans toute l'étendue de leur commune, ou que les contraventions constatées ont été déférées au Tribunal de police pour être, contre les délinquants, prononcés les peines portées par le Code. — D'après l'article 7 de la loi du 26 ventôse an IV, des ouvriers élagueurs doivent être placés au compte des retardataires.

VACCINATIONS.

Avant la fin de ce mois expire le délai accordé aux Maires

pour faire parvenir à la Préfecture le Tableau des vaccinations pratiquées dans leur commune pendant l'année précédente.

BUREAUX DE BIENFAISANCE.

Dans les derniers jours de ce mois, les Maires doivent convoquer, par lettres, pour leur session annuelle, qui doit avoir lieu *du 1er au 15 avril*, les Membres des administrations, des hospices et bureaux de bienfaisance.

ÉCHENILLAGE.

Les Maires doivent continuer à visiter et à faire visiter les terrains garnis d'arbres et de haies, comme au mois précédent.

MOUVEMENT DE LA POPULATION.

Le 10 de ce mois expire le délai accordé aux Maires pour fournir l'état du mouvement de la population de leur commune pendant l'année précédente.

AVRIL

—

BUREAUX DE BIENFAISANCE.

Réunion ordinaire des Commissions.

Les Commissions administratives des établissements de bienfaisance doivent se réunir le 1er avril pour leur session annuelle qui peut durer 15 jours. — Cette réunion a pour objet, en ce qui concerne les hospices et bureaux de bienfaisance : 1° l'examen du compte d'ordre et d'administration rendu par l'Ordonnateur *(le Maire)* des dépenses pour l'exercice précédent, clos le 31 mars ; 2° l'examen du compte en deniers, rendu par le Receveur de l'établissement pour sa gestion dernière ; 3° le réglement définitif du Budget de l'exercice précédent ; 4° enfin, la formation du Budget de l'exercice prochain.

FÊTE DU ROI.

Dans les communes où la situation des fonds le permettra, les Maires pourront demander au Préfet l'autorisation de convoquer le Conseil municipal, afin de voter des fonds pour la célébration de la fête du Roi. — Cette solennité ne peut être mieux célébrée que par des actes de bienfaisance. MM. les Maires ne perdront pas de vue dès-lors, que les votes des Conseils municipaux doivent, presque toujours, avoir pour objet des distributions extraordinaires de secours.

SESSION DES CONSEILS MUNICIPAUX.

Convocation à domicile et par lettres individuelles, dans les derniers jours de mai, des Conseillers municipaux, pour la session ordinaire de mai.

RAMONAGE.

Dans le courant d'avril et à l'approche de l'hiver, MM. les Maires prescrivent une visite générale des fours et des cheminées, afin de s'assurer que le Ramonage a été effectué, et que l'état des fours et des cheminées n'offre aucun danger d'incendie.

Les fours des boulangers, pâtissiers et autres professions, qui sont destinés à recevoir du feu presque tous les jours, sont soumis à une surveillance plus active; MM. les Maires doivent les faire visiter au moins une fois par mois.

MAI.

RÉUNION DES CONSEILS.

Aux termes de l'article 23 de la loi du 21 mars 1831, les Conseils municipaux doivent se réunir dans les premiers jours du mois de mai pour leur session ordinaire; cette session peut durer dix jours.

Une partie des travaux qui ont lieu dans cette session, étant indiqués par la circulaire de M. le Préfet qui est adressée annuellement à MM. les Maires, il ne sera parlé ici que de ceux qui ne sont point prévus par cette circulaire.

AMODIATION DES COMMUNAUX.

C'est au Conseil municipal à rechercher les terrains susceptibles de donner un produit quelconque à la commune, et d'en proposer l'amodiation par *bail*. — Voir à cet effet la circulaire sur les bureaux de bienfaisance, pages 144, 145 et 146 du Recueil administratif de 1845, numéro 24.

VENTE DE COUPES AFFOUAGÈRES.

Les Conseils municipaux qui seraient dans l'intention de faire vendre les coupes affouagères, au lieu de les distribuer aux habitants, devront en faire la demande dans la session de mai et transmettre la délibération au Préfet, avant le 15 juin, (circulaire du Ministre de l'intérieur du 16 mars 1837), afin que les ventes puissent avoir lieu dans les mois de septembre ou octobre suivants.

ENVOI DES DÉLIBÉRATIONS.

MM. les Maires ont à adresser, dans le mois, c'est-à-dire avant *le 10 juin*, à la Préfecture, et séparément, un double de chacune des délibérations prises par le Conseil municipal dans sa session.

VACCINE.

Les tournées des Vaccinateurs commencent après le mois de mai ; pour seconder leurs efforts, MM. les Maires feront bien de dresser à l'avance l'Etat des individus à vacciner, afin de le mettre à la disposition des Médecins, à leur arrivée dans les communes.

CIMETIÈRES.

Dans un assez grand nombre de communes, les cimetières sont encore, contrairement au décret du 23 prairial an XII, (12 juin 1804), contigus à l'église ou entourés de maisons. — Il est du devoir des Maires d'en proposer au Conseil municipal la translation (dans la session de mai), et d'instruire le Préfet de la délibération.

En cas de refus, dans les Conseils, d'exécuter la loi, les Maires doivent proposer au Préfet de la faire exécuter d'office.

JUIN.

RÉVISION DES LISTES ÉLECTORALES ET DU JURY.

Conformément à l'article 14 de la loi du 19 avril 1831, *c'est du 1er au 10 juin, au jour fixé par le Préfet ou le Sous-*

Préfet, que les Maires se réunissent au chef-lieu de canton, sous la présidence du Maire, pour, assistés du Percepteur, procéder à la révision :

1° Des Listes d'Electeurs pour les élections de députés ; 2° des Listes de Jurés non électeurs de députés ; 3° d'une Liste complémentaire ; 4° d'une Liste supplémentaire ; 5° enfin, d'une Liste de suppléants.

SALUBRITÉ.

Les Maires doivent prendre des arrêtés pour que, pendant la durée des chaleurs, les habitants fassent arroser le devant de leurs maisons, et qu'ils enlèvent les eaux croupissantes qui se trouvent dans les mêmes lieux.

CHIENS ENRAGÉS.

Il est nécessaire, à cette époque de l'année, de publier un arrêté concernant les chiens errants ou enragés. *(Voir le Dictionnaire des formules, page 335 et suivantes).*

MOYENS DE GUÉRISON POUR UNE PERSONNE QUI A ÉTÉ MORDUE PAR UN ANIMAL ENRAGÉ.

Toute personne mordue par un animal enragé, ou soupçonné tel, devra, ainsi que l'indique un avis du Conseil de salubrité, du 3 juin 1833, presser à l'instant sa blessure en tous les sens, afin d'en faire sortir le sang et la bave ; on lavera ensuite cette blessure, soit avec de l'alcali volatil étendu d'eau, soit avec de l'eau de lessive, soit avec de l'eau de savon, de l'eau de chaux ou de l'eau salée, et à défaut avec de l'eau pure, et même avec de l'urine, ou bien encore avec *du vinaigre.* On fera ensuite chauffer à blanc un morceau de fer, que l'on appliquera profondément sur la blessure.

Ces moyens, bien employés, suffiront pour écarter toute espèce de dangers ; il est inutile de dire que toutes les fois qu'ils pourront être administrés par un homme de l'art, il y aura avantage pour la personne mordue, et que, dans tous les cas, il sera nécessaire d'en appeler un, même après l'emploi de ces moyens, attendu qu'il pourra seul apprécier la profondeur des blessures, et qu'une cautérisation qui aurait été incomplétement faite serait sans efficacité.

MM. les Maires ne sauraient trop rappeler à leurs Administrés le danger qui existe dans l'usage de prétendus spécifiques que vendent et distribuent les charlatans. On ne connaît jusqu'à ce jour de préservatifs certains contre la rage, que la cautérisation suivie d'un traitement local convenable.

Si, dans une commune, on apprend qu'il existe un chien enragé qui n'a encore mordu personne, il doit être tué sur le champ. En cas de refus de la part du maître, l'abattage du chien doit être ordonné d'office par l'officier de police, qui fait de la même manière procéder à l'abattage de tous les animaux qui auraient été mordus. *(Voir le Dictionnaire des formules, page* 335 *et suivantes).*

BAIGNEURS.

MM. les Maires des communes traversées par des rivières, ou qui possèdent des bassins fréquentés par les baigneurs et nageurs, doivent, dès que la saison des bains arrive, prescrire telles mesures qu'ils croient convenables pour la sûreté et la décence à observer. *(Voir le dictionnaire des formules, page* 110 *)*.

Il a paru convenable d'introduire ici un extrait de l'instruction générale du Conseil de salubrité du 19 juin 1837, sur les remèdes à administrer aux noyés ou asphyxiés.

NOYÉS.

1° Dès que le noyé aura été retiré de l'eau, s'il est privé de mouvement et de sentiment, on le tournera sur le côté, et plutôt sur le côté droit. On le fera légèrement pencher la tête en la soutenant par le front; on écartera doucement les mâchoires, et l'on facilitera ainsi la sortie de l'eau qui pourrait s'être introduite par la bouche et par les narines. On peut même, immédiatement après le repêchage du noyé, pour mieux faire sortir l'eau, placer la tête un peu plus basse que le corps, *mais il ne faut pas la laisser plus de quelques secondes dans cette position;*

2° Pendant cette opération, qui ne devra pas être prolongée au-delà d'une minute, on comprimera doucément et par intervalles le bas-ventre de bas en haut, et l'on en fera en même temps autant pour chaque côté de la poitrine, afin de faire exercer à ces parties les mouvements qu'elles exécutent lorsqu'on respire ;

3° Si le noyé est assez près du dépôt de secours ou d'une maison d'habitation, pour qu'il puisse y être transporté en moins de cinq minutes, soit par eau, soit par terre, on le couchera, dans la première supposition, dans le bateau, de manière que la poitrine et la tête soient beaucoup plus élevées que les jambes. Dans le second cas, on le placera de manière qu'il soit presque assis, et on le transportera le plus promptement possible, mais en évitant les secousses, jusqu'au lieu où d'autres secours devront lui être donnés ;

4° Si le noyé est trop éloigné du lieu où les secours devront lui être administrés pour que le transport puisse être effectué en moins de cinq à six minutes, et si la température est au-dessous de zéro (s'il gèle), il convient d'ôter les vêtements du noyé, en s'aidant de ciseaux, afin de procéder plus vite, d'essuyer le corps, de l'envelopper dans une ou plusieurs couvertures de laine, ou encore de l'entourer de foin, en laissant toujours la tête libre, et de le porter ainsi au lieu où l'on devra continuer les secours.

DES SOINS A DONNER LORSQUE LE NOYÉ EST ARRIVÉ AU DÉPÔT, OU DANS UN AUTRE LIEU QUI LE REMPLACE.

1° Dès l'arrivée du noyé, ou avant, si on le peut, on enverra de suite chercher un médecin ou un chirurgien ;

2° Immédiatement après l'arrivée du noyé, on lui ôtera ses vêtements, s'il n'a pas déjà été déshabillé, et, pour aller plus vite, on les coupera avec des ciseaux. On essuiera son corps, on lui mettra une chemise ou peignoir ainsi qu'un bonnet de laine, et on le posera doucement sur une paillasse ou sur un matelas, entre deux couvertures de laine. *La tête et la poitrine devront être plus élevées que les jambes ;*

3° On couchera une ou deux fois le corps sur le côté droit, on fera légèrement pencher la tête en la soutenant par le front, pour faire rendre l'eau. Cette opération ne devra durer *qu'une demi-minute chaque fois*. Il est inutile *de la répéter s'il ne sort pas d'eau ou de mucusoités* (des glaires, de l'écume).

Ici, l'instruction du Conseil de salubrité indique la manière de faire usage des appareils destinés à rappeler les noyés à la vie ; mais comme il existe bien peu de ces appareils dans les communes de ce département, on ne les énumèrera pas. Toutefois, on rappellera qu'un moyen, qui peut, jusqu'à un certain point les remplacer, a été employé avec succès ; ce moyen consiste à *faire aspirer l'haleine d'une personne au noyé ;*

4° Aussitôt que la respiration tend à se rétablir, c'est-à-dire dès qu'on s'aperçoit que le noyé happe pour ainsi dire l'air, il faut cesser toute aspiration ou tout autre moyen spécialement dirigé vers le rétablissement de cette fonction ;

5° Si les mâchoires sont serrées l'une contre l'autre, surtout si le noyé a toutes ses dents et qu'elles laissent peu d'intervalle entre elles, il convient alors d'écarter très-légèrement les mâchoires, en employant d'abord un *petit levier*, et ensuite, si cela ne suffit pas, un levier en fer à doubles branches qu'on présentera entre les petites molaires (premières mâchelières), en pressant ensuite graduellement sur les branches de l'instrument. On maintiendra l'écartement obtenu en plaçant entre ses dents un morceau *de liége* ou de bois tendre. Cette opération devra être exécutée avec ménagement et sans violence ;

6° Dès le commencement des opérations qui viennent d'être décrites, c'est-à-dire dès l'arrivée du noyé, un des aides s'occupera de tout ce qui est nécessaire pour réchauffer le corps, c'est-à-dire :

Il fera chauffer les fers à repasser ; s'il y a une bassinoire, il y mettra des cendres chaudes ;

7° Pendant qu'on s'occupera de rétablir la respiration, dès que les fers auront acquis le degré de chaleur qu'on leur donne ordinairement pour repasser le linge, ou lorsqu'en crachant dessus la salive frissonnera, on les promènera par dessus le peignoir de laine ou la couverture de laine sur la poitrine, le long de l'épine du dos et sur le bas-ventre, en s'arrêtant plus longtemps sur le creux de l'estomac et aux plis des aisselles. On frictionnera les cuisses et les extrémités inférieures avec des frottoirs en laine, la plante des pieds et l'intérieur des mains avec des brosses, *sans cependant trop appuyer, surtout au commencement de l'opération ;*

8° Quels que soient les moyens qu'on emploie pour réchauffer le corps d'un noyé, il faut se régler selon la température de l'air extérieur. Il ne faut jamais chercher, particulièrement dès le début des secours, à exposer le corps du noyé à une chaleur plus forte que celle du sang. Les fers à repasser et la bassinoire ont, il est vrai, un degré de chaleur plus élevé ; mais comme ils agissent à travers une couverture ou une chemise de laine, et qu'ils ne restent pas longtemps appliqués sur la même place, leur action se trouve par cette raison suffisamment affaiblie.

Si, au contraire, il gèle, et que le noyé, après avoir été retiré de l'eau, soit resté assez longtemps exposé à l'air froid pour que des glaçons se soient formés sur son corps, il faut alors, aussitôt qu'il arrive, et même avant, ouvrir les portes ainsi que les fenêtres, afin d'abaisser la température au dégré de glace fondante (ce qu'on constate par le thermomètre), lui appliquer sur le corps des compresses ou linges trempés dans de l'eau au degré de glace fondante, dont on élève peu à peu la température. Cette élévation doit toutefois s'opérer plus promptement pour les noyés que pour les asphyxiés par l'action du froid seulement, et sans qu'il y ait submersion. On peut chez les submergés élever la température de deux degrés toutes les deux minutes, et, lorsqu'on est arrivé à vingt degrés, avoir recours aux frictions, ainsi qu'à la chaleur sèche.

En hiver, il faudra en même temps élever la température du lieu où l'on donne des secours en refermant les portes et les fenêtres. Il ne faut cependant pas que la chaleur du local arrive plus haut que 15 degrés du thermomètre de Réaumur, ou 18 degrés du thermomètre centigrade.

Le meilleur moyen d'appliquer la chaleur graduée dans la circonstance dont il s'agit, c'est de placer le noyé dans une baignoire, si l'on peut s'en procurer une, et d'en échauffer peu à peu l'eau au degré convenable ;

9° Tout en employant les moyens nécessaires pour réchauffer le noyé et pour rétablir la respiration, on le frictionnera avec des frottoirs de laine sur les cuisses, les bras, et, de temps à autre, de chaque côté de l'épine du dos ; on brossera doucement, mais longtemps, la plante des pieds ainsi que le creux des mains. On pourra aussi frotter avec les frottoirs en laine le creux de l'estomac, les flancs, le ventre et les reins, dans les intervalles où l'on n'y promènera pas la bassinoire ou les fers à repasser ;

10° Si le malade donne quelques signes de vie, il faut continuer les frictions ainsi que l'emploi de la chaleur, mais bien se garder d'entreprendre quelque chose qui puisse gêner, *même légèrement,* la respiration. Si le noyé fait quelques efforts pour respirer, il faut discontinuer pendant quelque temps toute manœuvre qui pourrait comprimer la poitrine ou le bas-ventre ;

11° Si, pendant les efforts plus au moins pénibles que fait le noyé pour respirer l'air, ou pour le faire sortir, on s'aperçoit qu'il a des envies de vomir, il faut introduire au fond de la bouche la barbe d'une plume et le chatouiller à peu près comme on le pratique lorsque, pour se faire vomir, ou introduit un doigt, le plus avant possible, au fond du palais ;

12ª Dans aucun cas, il ne faut introduire *le moindre liquide dans la bouche d'un noyé,* à moins qu'il n'ait repris ses sens et qu'il puisse facilement avaler ;

13° Si, alors le Médecin n'est pas encore arrivé, on peut faire prendre au malade une cuillerée d'eau-de-vie camphrée ou d'eau de mélisse spiritueuse étendue de moitié d'eau, c'est-à-dire mêlée avec moitié d'eau, et le coucher dans un lit bassiné, ou du moins sur un brancard garni d'un matelas et d'une couverture, en ayant soin de lui tenir la tête élevée ;

14° Si le vente est tendu, on donne un lavement d'eau tiède dans laquelle on a fait fondre une forte cuillerée à bouche de sel. Mais il ne faut jamais employer ce moyen avant que la respiration et la chaleur ne soient bien rétablies.

15° Si le noyé recouvre la vie, il faut, si on ne peut pas faire autrement, le porter sur un brancard à l'hôpital le plus voisin. Mais, si on peut disposer d'un lit, il faut, après l'avoir bassiné, y laisser reposer le malade pendant une heure ou deux. S'il s'y endort d'un bon sommeil, il faut le laisser dormir. Si, au contraire, sa face, de pâle qu'elle était, se colore fortement pendant l'envie de dormir, et qu'en réveillant le malade il retombe aussitôt dans un état de somnolence, il faut préparer des sinapismes (pâte de farine de moutarde et d'eau chaude), et lui en appliquer entre les épaules, ainsi qu'à l'intérieur des cuisses et aux mollets. On lui posera en même temps six à huit sangsues derrière chaque oreille. *Il est entendu qu'on n'aura recours à ce moyen qu'autant qu'il n'y aurait pas de médecins présent ; car, dans le cas contraire,* ce serait à lui à décider s'il faut tirer du sang, en quelle quantité, sur quel point et par quel moyen.

ASPHYXIÉS PAR LE FROID.

Lorsque la mort apparente a été produite par le froid, il est de la plus haute importance de ne rétablir la chaleur que lentement et par degrés. Un asphyxié par le froid qu'on approcherait du feu, ou que, dès le commencement des secours, on ferait séjourner dans un lieu même médiocrement échauffé, serait irrévocablement perdu. Il faut en conséquence ouvrir les portes et les fenêtres de la chambre où l'on se propose de secourir un asphyxié par le froid, afin que la température de cette chambre ne soit pas plus élevée que celle de l'air extérieur.

ON EMPLOIERA LES MOYENS SUIVANTS :

1° On portera l'asphyxié, le plus promptement possible, de l'endroit où il a été trouvé au lieu où il devra recevoir des secours ; pendant ce transport, on enveloppera le corps d'une couverture ou bien de paille, ou de foin, en laissant cependant la face libre. On évitera aussi de faire faire au corps et surtout aux *membres des mouvements brusques.*

2° On déshabillera l'asphyxié, et l'on couvrira tout son corps, y compris les membres, de linges trempés dans de l'eau froide, et qu'on rendra plus froide encore en y ajoutant des glaçons concassés. Il est préférable, toutes les fois que cela est possible, de se procurer une baignoire et d'y mettre l'asphyxié dans assez d'eau froide pour que tout son corps, et surtout les membres en soient couverts. On aura soin, dans ces opérations, d'enlever les glaçons qui pourraient se former à la surface du corps.

3° Lorsque le corps commencera à dégeler, que les membres auront perdu leur roideur et qu'ils offriront de la souplesse, on fera exercer à la poitrine ainsi qu'au ventre quelques mouvements (comme pour les noyés), afin de provoquer la respiration, et l'on fera en même temps des frictions sur le corps, soit avec de la neige, si l'on peut s'en procurer, soit avec des linges trempés dans de l'eau froide.

4° Si, dans ces circonstances, la roideur a cessé et que le malade soit dans un bain, l'on en augmentera la température de 3 à 4 degrés de dix en dix minutes, jusqu'à la porter peu à peu à 28 degrés du thermomètre de Réaumur, ou à 34 degrés du thermomètre centigrade. Si on ne peut pas disposer d'une baignoire, il faut en agir de même avec les linges dont on enveloppe le corps ou avec lesquels on le frotte.

5° Lorsque le corps commence à devenir chaud, ou qu'il se manifeste des signes de vie, on l'essuie avec soin, et on le place dans un lit, mais qui ne doit pas être plus chaud que ne l'est l'asphyxié. Il ne faut pas non plus qu'il y ait du feu dans la pièce où est le lit, avant que le corps n'ait recouvré entièrement sa chaleur naturelle.

6° Lorsque le malade commence à pouvoir avaler, on lui fait prendre une tasse de thé ou d'infusion de camomille avec quelques gouttes d'eau-de-vie. Ce thé ou cette infusion *doit être à peine un peu plus que tiède ;* sans cette précaution, on risquerait de produire dans l'intérieur de la bouche des ampoules ou cloches, comme après une brûlure.

7° Si le malade continuait d'avoir de la propension à l'engourdissement, on lui ferait boire un peu d'eau vinaigrée, et, si cet assoupissement était profond, on administrerait des lavements irritans, soit avec de l'eau et du sel, soit avec de l'eau de savon.

Il est utile de faire observer que, de toutes les asphyxies, l'asphyxie par le froid offre, selon l'expérience des pays septentrionaux, le plus de chances de succès, *même après douze ou quinze heures de mort apparente.*

ASPHYXIÉS PAR STRANGULATION

OU SUSPENSION (PENDAISON).

1° La première opération à pratiquer, c'est de détacher, ou plutôt pour aller plus vîte, de couper le lien qui entoure le cou, et, s'il y a suspension (*pendaison*), de descendre le corps en le soutenant de manière qu'il n'éprouve aucune secousse. *Tout cela sans délai et sans attendre l'arrivée de l'officier public.*[*] Défaire les jarretières, la cravate, les cordons de jupes, le corset, la ceinture de culotte, en un mot tout vêtement qui pourrait gêner la circulation.

2° On placera le corps, toujours sans lui faire éprouver de secousses, selon que les circonstances le permettront, sur un lit, sur un matelas, sur de la paille, etc., de manière cependant qu'il y soit commodément et que *la tête ainsi que la poitrine soient plus élevées que le reste du corps.*

3° Si le corps est dans une chambre, on doit veiller à ce qu'elle ne soit ni trop chaude, ni trop froide, et *à ce qu'elle soit aérée.*

4° Il est instant d'appeler le plus tôt possible un homme de

---

[*] On ne peut trop méditer ces mots soulignés : « Tout cela sans délai et sans attendre l'arrivée de l'officier public. » (Maire, Adjoint, Juge-de-paix, Procureur du Roi, Commissaire de police, etc., etc.) A la campagne surtout où l'on suppose que la justice doit poursuivre l'individu qui détacherait un pendu.

l'art, parce que la question de savoir s'il faut ou s'il ne faut pas faire une saignée, reposant en grande partie sur des connaissances anatomiques relatives à la direction de la corde ou du lien (1), il n'y a que le médecin qui puisse bien apprécier les circonstances que présente cette direction

5° *Dans aucun cas la saignée ne doit pas être pratiquée si la face est pâle.*

6° Dans le cas où après l'enlèvement du lien, les veines du cou sont gonflées, la face est rouge, tirant sur le violet, si l'empreinte produite par le lien est noirâtre, et si l'homme de l'art tarde d'arriver, on peut mettre *derrière les oreilles, ainsi qu'à chaque tempe, six à huit sangsues.*

7° La quantité de sang à tirer devra être proportionnée au degré de bouffissure de la face, à l'âge et à la constitution de l'asphyxié. Il est rare qu'on soit obligé d'extraire plus de deux palettes de sang, (mesure équivalant à une assiette).

8° Si la suspension ou la strangulation a eu lieu depuis peu de minutes, il suffit quelquefois, pour rappeler à la vie, de faire des effusions d'eau froide sur la face, d'appliquer sur le front et sur la tête des linges trempés dans de l'eau froide, de faire en même temps des frictions aux extrémités inférieures.

9° Dans tous les cas il faut, dès le commencement, exercer

---

(1)   NOTE COMMÉMORATIVE POUR LES GENS DE L'ART.

Les pendus ou strangulés meurent d'apoplexie, lorsque le lien a été placé autour du cou de manière à comprimer de préférence les gros vaisseaux du cou, et à empêcher ainsi le reflux du sang des parties situées au dessus de la constriction. D'autres, au contraire, meurent par suffocation, parce que le lien placé entre le larynx et l'os hyoïde ferme aussitôt, par l'abaissement de l'épiglotte, l'entrée du larynx, et que, d'une autre part, le lien, s'appuyant sur l'angle de la mâchoire et sur l'apophyse mastoïde, ne comprime pas assez les vaisseaux du cou pour empêcher le retour du sang du cerveau. Quant au genre de mort mixte produit à la fois par l'apoplexie et par la suffocation, il a lieu, vraisemblablement, lorsque le lien est placé de manière à interrompre la sortie ainsi que l'entrée de l'air, et en même temps le retour du sang de la tête. Ce double effet peut être produit par le lien placé au-dessous du larynx, dans une direction horizontale autour du cou. Dans ce cas la trachée-artère et les vaisseaux du cou sont comprimés en même temps.

sur la poitrine et sur le bas-ventre des compressions intermittentes comme pour les noyés, afin de provoquer la respiration.

10° On ne négligera pas non plus de frictionner l'asphyxié avec des flanelles, des brosses, surtout à la plante des pieds et dans le creux des mains.

11° Les lavements ne peuvent être utiles que lorsque le malade a commencé à donner des signes non équivoques de vie.

12° Dès qu'il peut avaler, on lui fait prendre, par petites quantités, du thé ou de l'eau tiède mêlée à un peu de vinaigre ou de vin.

13° Si, après avoir été complétement rappelé à la vie, il éprouve des étourdissements, de la stupeur, les applications d'eau froide sur la tête deviennent utiles.

14° En général il doit être traité, après le rétablissement de la vie, avec les mêmes précautions que les autres asphyxiés.

JUILLET.

ANNIVERSAIRE DES JOURNÉES DE JUILLET.

Convocation du Conseil municipal, dans le courant de ce mois, après autorisation du Préfet, afin de voter les dépenses nécessaires pour la célébration des anniversaires de juillet

SESSION DES CONSEILS MUNICIPAUX.

Convocation à domicile et par lettres individuelles, *dans les derniers jours du mois*, des Conseillers municipaux, pour la session ordinaire du mois d'août.

AOUT.

SESSION DES CONSEILS MUNICIPAUX.

Réunion des Conseils municipaux dans les premiers jours de ce mois, pour leur troisième session ordinaire qui peut durer dix jours : — (*Loi du* 21 *mars* 1831, *article* 23). Les Conseils s'occupent dans cette session, de toutes les affaires qu'ils n'auraient pas traitées dans les sessions précédentes.

COMMISSIONS ADMINISTRATIVES DES HOSPICES ET DES BUREAUX DE BIENFAISANCE.

Le 15 août de chaque année, les Commissions administratives des Hospices et des Bureaux de bienfaisance doivent procéder à la formation des listes des candidats destinés à remplacer les membres sortants. — Ces listes, dont le modèle se trouve au n° 237 du Dictionnaire des formules, doivent être envoyées en double expédition, le 1er septembre, aux Sous-Préfets.

CHASSE.

Tous les ans dans le courant d'août, M. le Préfet prescrit les mesures à prendre pour veiller à l'exécution des Réglements sur la police de la chasse. MM. les maires doivent, dès que les arrêtés leur sont parvenus, les faire publier et afficher.

LISTES ÉLECTORALES.

Aussitôt que l'affiche des listes électorales est parvenue dans la Commune, les Maires doivent la faire placarder. Ils font connaître ensuite à leurs administrés que, à compter du 15 août, il sera ouvert au secrétariat de la Préfecture un registre sur lequel seront inscrites les réclamations concernant la teneur des listes.

SEPTEMBRE.

LISTES ÉLECTORALES DU JURY.

Aussitôt que MM. les Maires ont reçu les tableaux de rectification des listes des électeurs, ils doivent les faire afficher immédiatement. — Cet envoi a lieu, de la part de M. le Préfet, les 1er, 15 et 30 septembre.

HOSPICES ET BUREAUX DE BIENFAISANCE.

Adresser le 1er septembre au Sous-Préfet, en double expédition, ainsi qu'il a déjà été dit au mois d'août, les listes des candidats destinées à remplacer les membres des Hospices et des Bureaux de bienfaisance. — *Voir à cet effet la circulaire du 24 août 1845, n° 24 du recueil administratif.*

PUBLICATION DU BAN DES VENDANGES.

Les Maires doivent, après avoir pris l'avis du Conseil municipal et des plus forts propriétaires de vignes, faire publier le ban des vendanges dans leurs Communes respectives. — Dans le cas où le Conseil municipal et les plus forts propriétaires refuseraient de répondre à cet appel, les Maires ne devraient pas hésiter à passer outre, et à fixer seul, par une ordonnance de police, le jour de la vendange dans les vignes non closes.

OCTOBRE.

—

VENDANGE. — GRAPILLAGE. — CHASSE.

Aussitôt que les vignes sont dépouillées de leurs fruits, MM. les Maires doivent faire publier la clôture des vendanges ; car, c'est seulement à partir de cet instant que le grapillage et la chasse sont permis dans les vignes.

ARBRES MORTS.

Signaler au Sous-Préfet la quantité d'arbres morts ou manquants sur les parties des grandes routes qui traversent leurs Communes.

CURAGE DES FOSSÉS.

MM. les Maires doivent prendre et faire publier un arrêté pour le curage des fossés le long des chemins communaux, et en général pour tous les fossés.

RAMONAGE.

Outre la visite mensuelle qu'il y a lieu de faire chez les boulangers à l'approche de l'hiver, MM. les Maires doivent prescrire une visite générale des fours et des cheminées, afin de s'assurer que le ramonage a été effectué, et que l'état des fours et des cheminées n'offre aucun danger d'incendie.

SESSION DES CONSEILS MUNICIPAUX.

Convocation à domicile et par lettres individuelles, dans les derniers jours du mois, des Conseillers municipaux, pour la session ordinaire de novembre.

NOVEMBRE.

CONSEILS MUNICIPAUX.

Aux termes de la loi du 21 mars 1831, article 23, les Conseils municipaux doivent se réunir dans les premiers jours du mois de novembre, pour leur quatrième session ordinaire, qui peut durer dix jours.

Cette session étant la dernière de l'année, c'est une occasion pour jeter un coup d'œil en arrière, et de songer à régulariser les parties de l'administration dont on n'aurait pu s'occuper précédemment.

INSPECTION DES ÉCOLES.

L'inspection des écoles rurales commençant vers le milieu de novembre, MM. les Maires doivent fournir aux Inspecteurs, à leur passage, tous les renseignements et toutes les communications qui pourraient concerner l'état, les ressources, les besoins, et les améliorations de l'instruction primaire dans leurs Communes.

NEIGES ET GLACES.

A l'approche de la mauvaise saison, l'autorité municipale, chargée de veiller à la propreté et à la libre circulation de la voie publique, doit prendre des mesures pour que l'enlévement des neiges et des glaces s'opère avec célérité.

DÉCEMBRE.

ACTES DE L'ÉTAT CIVIL. — CLOTURE.

Le 31 décembre, MM, les Maires doivent clôre et arrêter les registres de l'état civil de l'année, ainsi qu'il est indiqué plus loin.

ÉLECTEURS COMMUNAUX.

Dans le courant du mois de décembre, MM. les Maires doivent s'occuper des rectifications à faire sur les listes des électeurs communaux, par suite de décès, changements de domicile, etc.; afin d'être en mesure de procéder, dès le premier janvier, à la confection des listes nouvelles qui doivent être affichées dans la huitaine qui suit.

CAISSE COMMUNALE. — CLOTURE DES REGISTRES ET VÉRIFICATIONS DE LA CAISSE.

MM. les Maires des communes, chefs-lieux de circonscription de perception constatent, le 31 décembre, par un procès-verbal, la situation des caisses des Receveurs municipaux.

INSTRUCTIONS

SUR

LES ACTES DE L'ÉTAT-CIVIL.

∗∗∗

CHAPITRE Ier.

ETAT CIVIL.

Numéro 1. *L'Etat civil* est la situation de chaque individu, sous le Rapport : 1° *de la naissance et de l'adoption*, comme enfant légitime, adoptif ou naturel ; 2° *du mariage*, comme célibataire, marié ou veuf ; 3° et *de l'existence*, comme vivant ou mort.

2. La naissance et la filiation font l'individu membre d'une famille et établissent tous les Rapports de parenté.

3. Le mariage le fait entrer dans une autre famille, lui en crée une nouvelle à lui-même et constitue les droits et les devoirs réciproques des époux.

4. La mort ouvre pour les héritiers les droits de succession, et pour les époux, la faculté de contracter un nouveau mariage.

5. Les actes de l'Etat-civil servent à constater, légalement, chacune de ces trois grandes époques de la vie.

DE L'OFFICIER DE L'ÉTAT-CIVIL.

6. Il appartient exclusivement au Maire de dresser les actes

de l'Etat civil *(Lois des 20-25 septembre 1792 et 28 pluviôse an VIII)*, cependant il peut être remplacé soit pour cause d'absence ou d'empêchement, soit qu'il le juge lui-même nécessaire au bien du service. Voir l'article 4 de la loi des 20-25 septembre 1792 précité et l'article 5 de la loi du 21 mars 1831 ; mais lorsque le Maire n'est ni absent ni empêché, l'Adjoint, ou le Membre du Conseil municipal le premier dans l'ordre des nominations, ne peut rédiger les actes qu'autant que le Maire lui a délégué cette partie de ses attributions.

7. Lorsqu'il y a délégation, elle doit avoir lieu par arrêté spécial du Maire, inséré dans le Registre des *arrêtés* de ce Magistrat, et, dans chaque acte qu'il rédige, l'Adjoint doit mentionner qu'il agit comme délégué du Maire.

Formule de l'arrêté du Maire portant délégation d'un Adjoint aux fonctions d'Officier de l'Etat-civil.

L'an mil huit cent le du mois d

Nous, maire de la commune du canton de arrondissement de , département de avons délégué M. *(nom et prénoms)*, notre Adjoint, pour remplir à dater de ce jour, les fonctions d'Officier de l'Etat-civil. En conséquence, il lui sera délivré expédition du présent arrêté.

Fait à , les jour, mois et an avant dits.

Le Maire,

8. Hors de sa commune, le Maire est sans qualité pour recevoir ou rédiger un acte.

9. L'Officier de l'Etat-civil doit s'abstenir de dresser tout acte dans lequel lui-même devrait intervenir par son témoignage ou sa déclaration, et de constater la naissance, le mariage et le décès de ses propres enfants. *(Lettre du Garde des sceaux du 21 juillet 1848)* ; mais cette interdiction ne s'étend pas à tous les actes de l'Etat-civil qui peuvent concerner ses parents ou alliés ; car le Maire se trouverait souvent empêché, dans les campagnes surtout où la plupart des familles ont entr'elles des liens de parenté.

Surveillance de l'autorité et communication des Regitres.

10. Le Maire est spécialement subordonné aux fonctionnaires de l'ordre judiciaire, en *ce qui concerne l'Etat-civil.* — Le Procureur du Roi près le Tribunal de première instance est son supérieur immédiat; puis, en remontant l'Echelle hiérarchique, le Procureur général près la Cour royale, et le Garde-des-sceaux Ministre de la justice.

Communication des Registres au Procureur du Roi.—Juge de Paix.

11. Le Procureur du Roi vérifie, chaque année, la situation des Registres de l'Etat civil; il peut, lorsqu'il le juge convenable, se transporter sur les lieux pour examiner les Registres de l'année courante, ou même déléguer à cet effet le Juge de paix du canton. Ce pouvoir lui est donné par l'article 5 de l'Ordonnance royale du 26 novembre 1823. (Voir les numéros 313 et suivants.

12. Ainsi, le Maire doit communiquer, mais sans déplacement, les Registres de l'année courante au Procureur du Roi ou au Juge de paix, toutes les fois qu'il en est requis.

13. Les Procureurs du Roi doivent adresser aux Officiers de de l'Etat-civil de leur arrondissement, à la suite de chaque vérification, des Instructions sur les irrégularités qui auraient été commises dans les actes de l'année précédente et sur les moyens de les éviter. *(Article 3 de l'Ordonnance du 26 novembre 1823).* Les Maires sont tenus de se conformer à ces Instructions. (Voir les numéros 314 et 317).

14. Si le Procureur du Roi remarquait dans la rédaction des actes ou la tenue des Registres des contraventions ou délits commis par les Officiers de l'Etat-civil, il les dénoncerait et réquérerait contre eux condamnations aux peines portées par la loi. (Article 53 du Code civil).

Communication des Registres aux Agents du Domaine.

15. D'après les dispositions de l'article 54 de la loi du 22 frimaire an VII, les dépositaires des actes de l'Etat-civil sont

tenus de les communiquer, *sans déplacement*, aux préposés de l'Enregistrement, à peine d'une amende de 50 fr., *réduite par la loi du 16 juin 1824 à 10 fr.)* — Cette communication a pour but de s'assurer s'il existe des actes de reconnaissance d'enfant naturel, parce que ces actes sont soumis à un droit fixe de 2 fr. — La remise peut en être faite aux personnes indigentes.

RÈGLES COMMUNES A TOUS LES ACTES DE L'ÉTAT-CIVIL.

NOMBRE, FORME ET TENUE DES REGISTRES, RESPONSABILITÉ DES OFFICIERS DE L'ÉTAT-CIVIL.

Forme des registres.

16. Le Code civil, article 40, porte que les actes de l'Etat-civil ne peuvent être rédigés et inscrits que sur des Registres ; leur inscription sur des feuilles séparées, ou tout autrement que sur des Registres à ce destinés, peut donner lieu à des dommages-intérêts contre l'Officier de l'Etat-civil, sans préjudice des peines portées en l'article 192 du Code civil, qui sont . Un emprisonnement d'un mois à trois mois et une amende de 16 à 200 fr.

17. Les Registres doivent être composés de papier timbré *(Lois des 28 septembre 1792 et 13 brumaire an VIII)*, sous peine d'une amende de 5 fr. *(Lois des 13 brumaire an VII et 16 juin 1824)*; mais ni les Registres ni les actes ne sont soumis à l'Enregistrement. *(Lois du 22 frimaire an VII, article 79)*. La dépense de ces Registres est à la charge de la commune et est ordinairement prélevée sur un fonds de cotisations centralisé dans la caisse du Receveur général.

18. Les Registres doivent être cotés par première et dernière feuille et paraphés sur chaque feuille par le Président du Tribunal de première instance ou le Juge qui le remplace. (Article 44 du Code civil).

19. Une circulaire du Ministre de l'intérieur du 13 mai 1810, a chargé le Préfet de faire imprimer en tête de chaque Registre la formule du procès-verbal que le Président remplit, et qui constate le nombre de feuilles contenues dans le Registre.

— Cette mesure a été prise pour qu'aucun feuillet ne puisse être ajouté, enlevé ou substitué

Nombre des Registres.

20. D'après la loi du 20 sepembre 1792, il devait être tenu trois Registres différents, l'un pour les naissances, l'autre pour les mariages et le 3° pour les décès; mais aujourd'hui, il n'y a plus d'obligation à cet égard. (Article 40 du Code civil). Dans les villes comme Metz où il se dresse un grand nombre d'actes, il y a sans doute avantage à tenir un Registre différent pour les actes de chaque nature; mais pour les communes où les actes sont peu nombreux, on peut, sans inconvénient, les porter sur le même Registre, à l'exception des *publications pour mariage*.

21. Mais, soit qu'on ne se serve que d'un seul Registre, soit qu'on en tienne plusieurs, l'article 40 du Code civil prescrit la tenue de ces Registres *en double*. — On conçoit cette sage prévoyance de la loi qui n'a point voulu que des actes d'une si haute importance puissent être anéantis par la destruction ou la perte d'un seul Registre.

22. Les Registres sont envoyés au Maire par les soins du Préfet. — C'est une règle établie dans l'Administration. — Un Registre ne peut servir que pour un an; si le Maire prévoyait que l'un d'eux ne pût suffire pour l'année entière, il devrait demander l'autorisation au Préfet de faire l'acquisition du nombre de feuilles supplémentaires qu'il jugera nécessaire. Le Maire soumettrait ensuite ces feuilles au Président du Tribunal de première instance pour être visées ainsi qu'il sera dit plus loin.

Tenue des Registres.

23. Les actes doivent être inscrits sur les Registres à la suite *immédiate* les uns des autres, et sans aucun blanc, soit entre des actes différents, soit entre les lignes ou les mots d'un même acte. (Article 42 du Code civil). Ainsi, le 1er acte porté sur un Registre doit être inscrit sur la première page immédiatement après le procès-verbal dressé par le Président;

et de même, ne restât-il au bas d'une page qu'un blanc d'une seule ligne, il faut en profiter pour commencer la rédaction de l'acte suivant.

24. Ces précautions sont de la plus haute importance : En effet, s'il était laissé des blancs entre deux actes, un troisième reçu beaucoup plus tard, pourrait y être inséré avec une fausse date ; au moyen de blancs ménagés entre les lignes ou les mots d'un acte, on y pourrait intercaler des énonciations qui en modifieraient gravement la teneur. — On doit laisser seulement, à chacune des pages de Registres, *une marge* du quart de la feuille.

25. Les ratures et les renvois doivent être approuvés et signés *de la même manière que le corps de l'acte.* (Article 42 du Code civil). — Cet article est clair : Ce n'est pas assez d'un paraphe, il faut que chaque renvoi ou la rature soit suivi de ces mots : *Renvoi approuvé,* ou, *tant de mots rayés,* et la signature de tous ceux qui ont signé l'acte. — Il ne faut pas non plus qu'un mot soit surchargé ; on doit le rayer et en faire l'objet d'un renvoi . Les ratures doivent être faites, de telles sortes que l'on puisse non-seulement compter le nombre de mots rayés, mais encore pouvoir les lire.

26. Les ratures et renvois peuvent être placés en marge : mais il est plus convenable de les placer au bas de l'acte, s'il n'est pas encore signé, parce qu'alors, on n'a pas besoin de doubles signatures, et, dans le cas même où l'acte serait signé, il serait plus convenable encore de mettre les renvois ou d'indiquer la rature à la suite de l'acte, en faisant signer de nouveau ; on laisserait ainsi la marge libre pour les annotations.

27. Pour éviter toute obscurité et ne laisser aucun moyen d'altération dans les actes , l'article 42 du Code civil a formellement défendu d'écrire un mot par *abréviation,* quelque claire qu'elle paraisse, ou d'exprimer une date en chiffres : elles doivent être en toutes lettres.

28. Il pourrait arriver qu'un acte préparé et déjà inscrit sur le Registre ne puisse être complété, soit parce que les parties

se retireraient, soit pour tout autre circonstance. — Cet acte devrait alors être bâtonné, et il 'serait expliqué, dans une mention placée *en bas* ou en marge, et signé de l'Officier de l'état-civil, pourquoi l'acte est resté imparfait.

28. Toutefois, si, *après l'accomplissement* de toutes les formalités, il n'y avait refus de signature que *de la part de l'une des parties* ou de l'un des témoins, l'acte ne devrait pas être bâtonné ; mais l'Officier de l'état-civil devrait indiquer avec détail, *au bas de l'acte*, les motifs et les causes de ce refus de signature, et faire signer les autres parties.

29. Chaque acte inscrit sur les Registres doit être numéroté en marge. (Ordonnance du 26 novembre 1823) ; il ne doit y avoir qu'une seule série de numéros pour chaque registre, et cette série doit être continuée sur *les feuilles supplémentaires lorsqu'il y a lieu d'en ajouter*, dans les cas prévus plus haut.

30. Pour faciliter les recherches ou la rédaction de la table alphabétique, il serait nécessaire que l'on indiquât, au-dessous du numéro, et d'une manière très-lisible, les noms des individus auxquels les actes s'appliquent, par exemple :

L'an etc...

ce

N
içois

330.

L'an etc...

ge
3
EUX
ictor

NT
toire.

843.

L'an etc…

31. On rappelle quelques fois un acte à l'occasion d'un autre : ces rappels ont lieu par des mentions *marginales* ; si, par exemple, après qu'un enfant a été inscrit comme enfant naturel, il a été reconnu de ses parents, on relatera en marge de l'acte de naissance *la date, le numéro et le folio* du registre où se trouve l'acte de reconnaissance qui a eu lieu postérieurement.

32. La mention marginale qui doit être insérée sur un registre, doit l'être en même temps sur le double. — S'il s'agit des registres-courants, c'est-à-dire de ceux de l'année, la chose est facile, mais si l'un des doubles, sur lequel la mention doit être faite, a été déposé au greffe du tribunal, l'Officier de l'état-civil inscrit la mutation sur celui des deux doubles qui reste déposé à la Mairie, et en transmet *la copie exacte* au Procureur du Roi, qui la fait porter sur l'autre double par le Greffier.

RESPONSABILITÉ DE L'OFFICIER DE L'ÉTAT-CIVIL.

33. La conservation des registres et actes de l'état-civil est confiée à l'Officier de l'état-civil, sous sa responsabilité, comme dépositaire envers les parties intéressées. Toute altération dans les registres peut donner lieu contre lui à des dommages-intérêts, sauf son recours, s'il y a lieu, contre les auteurs de ces altérations ; et cela s'étend même aux altérations qui proviendraient d'accidents fortuits, si sa prudence eut pu les prévenir.

34. L'Officier de l'état-civil est passible aussi de dommages-intérêts pour tout faux ou altération dans les actes, même quand il n'en serait pas l'auteur, et sans préjudice des peines portées au code pénal, s'il y a lieu. (Code civil, article 52).

35. Lorsque l'Officier de l'état-civil s'aperçoit d'un faux, d'une altération, d'une lacération de feuillet ou de la disparition d'un ou plusieurs registres, il doit immédiatement en informer le Procureur du Roi, afin que ce magistrat prenne telles mesures qu'il jugera convenables ou nécessaires.

DES PERSONNES QUI CONCOURENT AUX ACTES.

Parties, Déclarants et Témoins.

Parties.

36. Les parties sont les personnes qui doivent nécessairement s'engager ou donner un consentement pour l'acte à dresser, tels que les époux qui se marient et les ascendants qui y consentent, les père et mère qui reconnaissent un enfant.

37. Dans quelques cas les parties peuvent se dispenser de comparaître en personne; mais elles doivent être remplacées alors par une personne munie d'une procuration spéciale et authentique. (Article 36 du code civil); c'est-à-dire, d'une procuration passée devant notaire et *spécifiant cathégoriquement* l'objet pour lequel elle est donnée. •

Déclarants.

38. Les déclarants sont les personnes qui, soit d'elles-mêmes, soit pour obéir aux prescriptions de la loi, donnent connaissance à l'Officier de l'état-civil d'une naissance ou d'un décès.

Témoins.

39. Les témoins sont des personnes appelées pour ajouter, par leur présence et leur signature, à la solennité et à l'authenticité des actes. Ils doivent être du sexe masculin et âgés de 21 ans au moins. (Article 37 du code civil).

40. Il n'est pas nécessaire qu'ils soient, comme les témoins des actes notariés, Français, lettrés et domiciliés dans la commune, il n'y a d'exclusion que contre les individus frappés de mort civile, (Article 52 du code civil), de dégradation civique (Article 34 du code pénal), ou de l'interdiction d'être témoins (même code, Article 42).

41. Les témoins peuvent être parents des parties ; ils doivent même être pris de préférence dans la famille (Article 37 du code civil). — Si les parties n'en pouvaient trouver ou n'en pouvaient choisir elles-mêmes, les déclarants ou même l'Officier de l'état-civil devraient y suppléer.

42. Il faut *deux témoins* pour les actes de naissance, de reconnaissance et pour les actes de décès ; et *quatre* pour les actes de mariage.

RÉDACTION DES ACTES ET PIÈCES A L'APPUI.

DATES DES ACTES. — QUALITÉ DU FONCTIONNAIRE. — NOMS ET QUALITÉS DES PARTIES. — ENONCIATION SUPERFLUE.

43. Chaque acte doit énoncer *l'année*, le *jour* et *l'heure* où il est reçu. (Code civil, article 34). — La mention de l'heure peut paraître moins nécessaire que les autres indications; cependant elle est d'une haute importance en certains cas, puisqu'un seul instant de différence entre la date du décès de deux personnes héritières l'une de l'autre, décide du droit de succession (Voir numéro 66).

FONCTIONNAIRE.

44. L'Officier de l'état-civil ne doit pas omettre d'énoncer exactement sa qualité de fonctionnaire public en vertu de laquelle il reçoit l'acte (*Voir le formulaire*).

NOMS ET QUALITÉS DES PARTIES.

45. — Il faut énoncer aussi exactement les *noms, prénoms, âge, professions* et *domicile* de tous ceux qui sont dénommés dans l'acte (Article 34 du code civil); c'est-à-dire, de tous ceux qui y concourent soit comme parties, soit comme déclarants, soit comme témoins ; de même pour le *fondé de pouvoirs* d'une partie qui se ferait représenter; — Si l'une de ces personnes était sans profession, on devrait l'indiquer. — On ne doit pas non plus se dispenser d'indiquer les qualités de chacun, surtout celle de membre de la légion-d'honneur, (circulaire du 3 juin 1809); c'est, d'ailleurs, d'une grande nécessité pour

MM. les Maires qui doivent adresser au Préfet tous les trois mois, l'état des décès survenus parmi les membres de la légion-d'honneur. (Instructions des 19 juillet 1817, 5 février 1818 et 6 septembre 1820, insérées au recueil administratif, page 193, n° 27 de 1820.

DÉCLARATION.

46. Les Officiers de l'état-civil ne doivent rien insérer dans les actes, soit par note, soit par énonciation quelconque, que ce qui *doit être déclaré* par les comparants (Article 35 du code civil). Ainsi toute déclaration qui n'est pas nécessaire à la confection de l'acte doit être écartée. On comprendra en effet, qu'une partie comparant dans un acte pourrait s'y faire donner telle ou telle qualité, (celle par exemple, d'enfant légitime ou naturel d'une autre personne dont elle chercherait plus tard à se faire un titre.

47. L'Officier de l'état-civil ne doit rien ajouter non plus aux déclarations des comparants, même pour des points sur lesquels *il aurait ou croirait avoir une certitude personnelle*. — Si les personnes qui se présentent devant lui se faisaient désigner sous de faux-noms, et qu'il le *sût d'une manière certaine*, il devrait se borner à en informer immédiatement le Procureur du Roi.

48. Lorsque la naissance d'un enfant hors mariage est déclarée, si le père ne se fait pas connaître, l'Officier de l'état-civil ne doit pas énoncer la paternité.

49. Dès que l'acte est rédigé, il doit en être donné lecture aux parties comparantes ou aux fondés de pouvoirs qui les représentent et aux témoins, et il doit être fait mention dans l'acte même, de l'accomplissement de cette formalité. (Code civil, article 58.)

50. On ne doit jamais préparer un acte sur les registres de l'état-civil en l'absence des parties ou des témoins.

51. Aussitôt que les actes ont été lus, ils doivent être signés par l'Officier de l'état-civil, et les comparants (c'est-à-dire les parties, les déclarants et les témoins); si l'un ne pouvait signer,

il faudrait le mentionner ainsi que les motifs qui l'empêchent de le faire (code civil, article 39) ; comme, par exemple, qu'il ne sait signer ou qu'il ne le peut pour cause de cécité, etc., etc...

PIÈCES ANNEXÉES.

52. Quand les parties sont représentées par des fondés de pouvoir, la procuration *spéciale* qui est donnée doit rester à l'appui de l'acte. — Comme, en d'autres cas, certaines autres pièces ; chacune de ces pièces doit être paraphée *par les parties énoncées dans l'acte* et par l'Officier de l'état-civil, au moment même de la rédaction de l'acte, pour être conservées comme annexe de l'acte (Code civil, article 44). Chaque pièce déposée doit contenir cette mention : *cotée et paraphée au désir de l'acte,* en date de ce jour. — A · · · · · le · · · · · *suit le paraphe de chacune des parties.*

53. Les mesures qui doivent être prises pour la conservation des registres des actes de l'état-civil s'appliquent également à la conservation des pièces déposées et annexées aux actes, et l'Officier de l'état-civil se trouve sous la même responsabilité pour les annexes que pour ceux-ci.

54. Les pièces ainsi déposées ne pouvant être matériellement attachées au folio des registres où se trouve l'acte qu'elles concernent, il importe de les classer en bon ordre ; et le seul moyen est de placer celle de chaque acte différent dans une chemise séparée, sur laquelle on inscrit : 1° le numéro d'ordre de l'acte ; 2° le nom de l'enfant, des époux ou du décédé, selon qu'il s'agit d'un acte de naissance, de mariage ou de décès ; 3° la date de l'acte ; 4° le nombre de pièces. — On range ensuite ces dossiers par ordre de date, et on fait autant de liasses ou divisions distinctes qu'il y a de registres de l'état-civil. — Le cachet de la Mairie doit être appliqué ensuite sur toutes les pièces.

CHAPITRE 2.

NAISSANCE ET ADOPTION

DES ENFANTS LÉGITIMES. — DES ENFANTS NATURELS. — QUEL-
QUES CAS PARTICULIERS. — DE LA RECONNAISSANCE DES EN-
FANTS NATURELS ET DE L'ADOPTION.

ENFANTS LÉGITIMES.

Déclaration.

55. L'Officier de l'état-civil a connaissance de la naissance d'un enfant par la déclaration qu'il en reçoit.

56. Elle doit être faite par le père, et à défaut du père, par les docteurs en médecine ou en chirurgie, sages-femmes, officiers de santé ou autres personnes qui ont assisté à l'accouchement; et si la mère est accouchée hors de son domicile, par la personne chez laquelle a eu lieu l'accouchement (Code civil, article 56).

57. Toute personne présente à un accouchement, et qui n'aura pas fait cette déclaration dans le délai prescrit, est punie d'un emprisonnement de six jours à six mois, et d'une amende de 16 à 300 francs.

58. Si le père ne peut se présenter en personne pour faire la déclaration, il peut se faire représenter par un fondé de procuration spéciale et authentique; mais les autres personnes que la loi appelle à son défaut doivent se présenter elles-mêmes, parce que, la naissance ne leur étant connue que parce qu'elles l'ont vue, il est nécessaire qu'elles viennent l'attester personnellement.

59. Si la déclaration était faite par toute autre personne que celles qui viennent d'être indiquées, elle ne devrait pas être reçue.

60. L'enfant doit être présenté à l'Officier de l'état-civil (Code civil, article 55), pour qu'il puisse en reconnaître par lui-même et l'existence et le sexe. — Si la santé de l'enfant ou quelque autre circonstance ne permettait pas de le déplacer, l'Officier de l'état-civil pourrait se transporter au domicile et

même, s'il le jugeait convenable, y faire porter les registres pour y rédiger l'acte.

DÉLAI.

61. Les déclarations de naissance doivent être faites, dans les trois jours de l'accouchement, à l'Officier de l'état-civil de la commune où la naissance a lieu.

62. Si elles ne l'étaient qu'après ce délai, l'Officier de l'état-civil ne pourrait plus la recevoir; de ce retard résulterait nécessairement sur les registres une lacune ou omission qui ne pourrait être réparée que par un jugement (Avis du conseil d'état, du 12 brumaire an XII.)

63. Cette règle ne doit pourtant pas être appliquée avec trop de rigueur. — Si le délai fixé par la loi n'était expiré, par exemple, que depuis 24 heures, l'Officier de l'état-civil pourrait, sans inconvéniant, recevoir la déclaration et rédiger l'acte.— Il agirait prudemment, ensuite, en donnant connaissance des faits au Procureur du Roi.

64. Lorsque les naissances sont tardivement déclarées, l'Officier de l'état-civil doit en informer le Procureur du Roi afin que celui-ci provoque, s'il y a lieu, le jugement prescrit par l'avis du conseil d'état, du 13 brumaire an XI.

RÉDACTION DE L'ACTE.

65. L'acte de naissance doit être rédigé en présence des déclarants et de deux témoins aussitôt que la déclaration est reçue (article 56 du code civil, § 2), et ne peut être écrit qu'en français.

66. L'acte doit énoncer, 1° *le jour* de la naissance qui doit déterminer l'âge de l'enfant; 2° *l'heure*, qui a beaucoup d'importance ainsi qu'on l'a déjà vu, n° 43; 3° *le lieu*, indication utile pour constater l'identité et aider dans les vérifications; 4° *le sexe*, autre indication dont il est superflu de faire sentir la nécessité; 5° *les prénoms* donnés à l'enfant; 6° *les prénoms, noms, profession, qualités et domicile* des père et mère, ainsi que des témoins. — Les prénoms des enfants et les noms du

père et de la mère doivent être *écrits très lisiblement, correctement et avec l'orthographe même* qu'emploie la famille. —
On doit chercher à éviter la plus légère erreur, parce qu'elle
peut donner lieu à des difficultés incalculables.

67. La loi du 11 germinal an **XI**, porte que l'Officier de
l'état civil ne peut accepter pour prénoms à donner à l'enfant
que des noms choisis dans les différents calendriers, ou parmi
ceux des personnages connus de l'histoire ancienne. ·

68. L'interdiction de ne rien énoncer dans les actes, (voir
n° 47), que ce qui doit être déclaré s'applique surtout aux
actes de naissance. — Par exemple: si la mère est mariée,
l'Officier de l'état civil ne peut recevoir, soit de la mère, soit
des comparants, soit de toute autre personne, aucune déclaration qui tendrait à attribuer à l'enfant un autre père que le
mari. (Loi du 19 floréal an II.)

DES ENFANTS ILLÉGITIMES.

BATARDS SIMPLES. — INCESTUEUX ET ADULTÉRINS.

69. On distingue parmi les enfants illégitimes · *les bâtards
simples, les adultérins et incestueux.*

BATARDS SIMPLES.

70. *Les bâtards simples* sont ceux qui sont nés de deux personnes non mariées ensemble, mais cependant pour lesquelles
il n'existe aucun empêchement.

71. *Les enfants adultérins,* ou seulement *adultérins,* sont
ceux dont le père et la mère, ou l'un des deux, étaient à l'époque
de la conception, engagés dans les liens du mariage avec une
autre personne, ou, encore, dont le père ou la mère seraient
engagés dans les ordres religieux.

INCESTUEUX.

72. Les enfants incestueux sont ceux qui sont nés de deux
personnes pour lesquelles il existe, soit de la part de l'une des
deux, soit de la part de toutes deux, un empêchement légal;
ainsi la parenté définie par les articles 161, 162, 163 et 164
du code civil est un empêchement légal.

73. Les actes de naissance des *bâtards simples* ne diffèrent de ceux des enfants légitimes qu'en ce que le père n'étant pas indiqué par le mariage, *ne doit y être désigné* qu'autant qu'il se fait connaître lui-même, *soit en personne*, soit par un *fondé de pouvoir*. — L'Officier de l'état civil doit bien se garder de recevoir à cet égard une déclaration qui n'émanerait *que des déclarants ou de la mère*. — Il doit, dans ce cas, écrire *père inconnu*. — Quant au nom de la mère, il doit être porté dans l'acte, si les déclarants le font connaître; mais s'ils ne pouvaient ou ne voulaient pas le faire connaître, ici encore, l'Officier de l'état civil ne doit pas pousser plus loin ses investigations : Il inscrit l'enfant comme né de *père et mère inconnus*.

74. Pour les enfants *incestueux* ou *adultérins*, si, du père ou de la mère, l'un est libre de tout engagement, de sorte que l'adultère ou l'inceste ne provient que de la position de l'autre, l'Officier de l'état civil peut et doit même inscrire son nom dans l'acte, s'il lui est déclaré, lorsqu'il s'agit de la mère; et s'il s'agit du père, dans le cas où celui-ci le déclare lui-même. — On ne croit pas superflu de rappeler encore ici que, si la mère était mariée, l'Officier de l'état civil ne pourrait recevoir, soit d'elle, soit des comparants, aucune déclaration qui tendrait à attribuer l'enfant à un autre père que le mari.

75. Quand l'enfant illégitime est présenté comme étant né de père et de mère inconnus, il devient nécessaire de lui donner un nom patronymique et des prénoms, et il appartient au Maire à les lui choisir.

76. Ces noms doivent être choisis ainsi qu'il est dit au n° 67.

CAS PARTICULIERS DE QUELQUES ACTES DE NAISSANCE.

Enfants trouvés. — Enfants morts. — Jumeaux.

Enfants trouvés.

77. Les enfants trouvés sont ceux qui, nés de père et de mère inconnus, ont été trouvés exposés dans un lieu quelconque, ou portés dans les hospices destinés à les recevoir. (Décret du 19 janvier 1811, article 2

78. Toute personne qui aura trouvé un enfant nouveau-né est *tenue de le remettre* à l'Officier de l'état-civil, ainsi que les vêtements et autres effets trouvés avec l'enfant, et de déclarer toutes les circonstances de temps et de lieu où il aura été trouvé. (Code civil, article 58). Et cela sous peine de *six jours* à *six mois* de prison et de 16 à 300 francs d'amende. (Code pénal, article 347).

79. L'Officier de l'état-civil dresse procès-verbal détaillé de cette remise, énonçant l'âge apparent de l'enfant, son sexe, les noms qui lui sont donnés et l'autorité à laquelle il sera remis. (Code civil, article 58).

80. L'Officier de l'état-civil ne peut pas mettre trop de soin à porter dans le procès-verbal tous les renseignements qui lui sont communiqués, ainsi que tous ceux qu'il peut recueillir par lui-même, parceque l'indice le plus léger peut servir plus tard à retrouver la famille.

81· Les noms sont donnés, à l'enfant, non par la personne qui l'aura trouvé, mais par le Maire ou par les administrateurs de l'hospice, s'il y avait été d'abord déposé et s'il était présenté par eux à l'Officier de l'état-civil.) Circulaire du Ministre de l'Intérieur du 30 juin 1812). — Ces noms doivent être tels, dit cette circulaire, que s'il n'y en avait que deux, *le premier* doit être considéré *comme nom de baptême*, et l'autre devient, pour l'enfant qui le reçoit un *nom de famille* transmissible à ses propres descendants.

82. Les prénoms sont choisis comme ceux des enfants légitimes; pour le nom de *famille*, il faut, pour prévenir toute confusion et des réclamations très-fondées, éviter de le prendre parmi ceux qui sont connus pour appartenir à des familles existantes, car ces noms sont pour elles une sorte de propriété souvent précieuse. — Il convient donc de les choisir de préférence soit dans l'histoire ancienne, soit dans les circonstances particulières à l'enfant; ainsi, sa conformation, ses traits, son teint, le pays, le lieu, l'heure où il a été trouvé, en *rejetant* toutefois toute *dénomination ridicule*, ou de nature à rappeler

que celui à qui on le donne est un enfant trouvé, sont autant d'éléments pour aider l'Officier de l'état-civil à donner un nom patronymique à l'enfant.

83. Quoique la loi ne paraisse pas exiger pour la rédaction du procès-verbal (ou acte de naissance) l'assistance de deux témoins, l'Officier de l'état-civil agit avec prudence en y recourant et en les choisissant lui-même. —

84. Le procès-verbal doit être inscrit à sa date sur les registres de l'état-civil. (*Article* 58 *du code civil*). — L'enfant, ajoute cet article, est remis à l'autorité civile. — C'est-à-dire, envoyé à l'hospice destiné à recevoir les enfants trouvés, à moins que quelque personne dont la moralité aura été préalablement reconnue n'offrit de s'en charger. —

Enfant mort.

85. Si un enfant *mort-né* était déclaré à l'Officier de l'état civil, comme, en réalité, il n'y aurait pas eu naissance, il n'y aurait à dresser qu'un acte de décès.

86. Cependant il se peut qu'il soit présenté un enfant sans vie, mais qui serait né viable, *c'est-à-dire,* qui aurait vécu plus ou moins longtemps; il faut alors distinguer si l'enfant est mort dans les trois jours de sa naissance ou après l'expiration de ce délai.

87. Dans le *premier cas*, il faut dresser, dans les formes ordinaires, deux actes distincts, *l'un de naissance, l'autre de décès.* (Décision du Ministre de l'Intérieur du 25 mars 1805 et circulaire du Garde des sceaux du 13 novembre 1819).

88. Dans le *second cas,* la naissance n'étant déclarée qu'après les trois jours, l'Officier de l'état-civil ne peut dresser un acte de naissance : il doit constater seulement que l'enfant *lui a été présenté sans vie,* et non qu'il est décédé. — Il reçoit en outre la déclaration des témoins, les noms, prénoms, qualités et demeures des père et mère de l'enfant, et la désignation des an, jour et heure auxquels l'enfant *est sorti du sein de sa mère.* — L'acte en est dressé et inscrit sur les registres des décès,

en écartant toute énonciation de laquelle il pourrait résulter un préjugé sur la question de savoir si l'enfant a eu vie ou non. — (Décret du 4 juillet 1806). — L'Officier de l'état-civil doit donner avis du fait, *sur le champ*, au Procureur du Roi

JUMEAUX.

89. La naissance des enfants jumeaux peut être déclarée par la même personne, en présence des mêmes témoins ; mais il doit être fait autant *d'actes séparés* qu'il y a de jumeaux (Article 57 du code civil). — On a déjà fait sentir aux n°s 43 et 66 l'importance d'indiquer l'heure de la naissance ; c'est ici encore où l'on peut apprécier l'impérieuse nécessité de l'indiquer, puisque c'est elle qui détermine entre les jumeaux le droit de primogéniture.

90. Lorsqu'un certain temps s'est écoulé entre la naissance des jumeaux, l'ordre de la naissance de chacun est précisé par l'indication *de l'heure et de la minute* à laquelle il a vu le jour. — D'après la jurisprudence constante celui qui est né le premier est l'aîné. — Si les jumeaux sont nés à la suite l'un de l'autre, on indique l'ordre de naissance, en insérant dans l'acte : *sorti le premier, sorti le second.*

91. Les actes doivent être écrits dans cet ordre, *c'est-à-dire* qu'il faut inscrire d'abord l'acte de naissance de l'enfant qui est sorti le premier du sein de la mère, puis celui du second, etc.

92. S'ils avaient sur le corps quelque marque particulière, il serait nécessaire que l'Officier de l'état civil en fît mention dans l'acte.

DE LA RECONNAISSANCE DES ENFANTS NATURELS ET DE L'ADOPTION.

93. La reconnaissance et l'adoption ont pour effet de faire entrer l'enfant reconnu ou adopté dans une famille, et de lui assurer des droits de filiation.

94. Les actes de reconnaissance et d'adoption doivent être inscrits aux régistres des actes de naissance.

RECONNAISSANCE.

95. L'acte de reconnaissance est un aveu public et authentique de paternité ou de maternité, et son effet est de suppléer à ce qui n'a point été déclaré comme tel à la naissance de l'enfant.

96. D'après l'article 335 du code civil, la reconnaissance ne peut jamais avoir lieu au profit des enfants nés d'un commerce incestueux ou adultérin.

97. La reconnaissance du père, sans l'indication et l'aveu de la mère, n'a effet qu'à l'égard du père.

98. L'acte de reconnaissance peut être passé soit devant un Officier de l'état-civil, soit devant un notaire, soit même par suite de citation devant un Juge de paix.

99. La loi n'ayant point tracé de formes particulières pour ces actes, on doit en conclure qu'il faut suivre les règles générales; c'est-à-dire se faire assister de deux témoins, énoncer clairement les nom, prénoms, âge, professions et domicile du déclarant ainsi que les nom, prénoms etc., de l'enfant. (Voir le formulaire).

100. Quand l'acte de reconnaissance est reçu par un Officier de l'état-civil autre que celui qui est dépositaire de l'acte de naissance, une expédition authentique de l'acte de reconnaissance lui est remise afin qu'il puisse en transcrire le contenu sur les registres, à la date où elle lui est remise; il en fait mention ensuite en marge de l'acte de naissance. (Code civil, article 62).

LÉGITIMATION.

101. La légitimation est une autre sorte de reconnaissance qui a pour objet de rendre légitimes des enfants nés hors mariage. — La légitimation n'est admise qu'en cas de mariage subséquent entre le père et la mère de l'enfant naturel, et ne peut *avoir lieu que par l'acte de mariage.*

ADOPTION.

102. L'adoption est un acte qui, d'après le consentement de l'adoptant et de l'adopté, établit entr'eux, bien qu'ils ne soient pas liés par la parenté réelle, des rapports de paternité et de filiation qui diffèrent très peu des droits de paternité et de filiation ordinaires.

103. Par l'adoption, l'adopté ne cesse pas d'appartenir à sa famille naturelle, il y conserve au contraire tous ses droits, (Code civil, article 348).

104. L'adoption n'est permise qu'aux personnes de l'un ou de l'autre sexe, âgés de plus de 50 ans, qui n'auront, à l'époque de l'adoption, ni enfants, ni descendants légitimes, et qui auront au moins quinze ans de plus que les individus qu'elles se proposent d'adopter. (Code civil, article 343).

105. Nul ne peut être adopté par plusieurs, si ce n'est par deux époux, (Code civil, article 344).

106. Les actes d'adoption sont reçus par les Juges de paix et soumis à la confirmation des tribunaux et des cours royales. (Code civil, articles 353, 354, 355, 356, 357 et 358).

107. *Dans les trois mois* qui suivront l'arrêté rendu par la cour royale en confirmation d'un acte d'adoption, l'une ou l'autre des parties, requerra l'Officier de l'état civil du lieu où l'adoptant est domicilié, d'inscrire l'adoption sur les registres. — Cette inscription n'a lieu que sur le vu d'une expédition en forme de l'arrêt de la cour royale, et l'adoption reste sans effet si elle n'a été inscrite dans ce délai. — Code civil, article 359).

108. L'Officier de l'état-civil doit donc faire l'inscription aussitôt qu'il en est requis, et dès qu'on lui représente une expédition en forme de l'arrêt. — Si cette pièce ne lui était pas présentée ou s'il n'était requis de faire l'inscription que *plus de trois mois* après l'arrêt rendu, il ne pourrait plus y procéder.

109. Pour opérer cette inscription, l'Officier de l'état-civil n'a point à dresser lui-même un acte d'adoption ; son office se borne a dresser procès-verbal qu'en conséquence de la réquisition de telle personne et de tel arrêt dont une expédition authentique lui a été remise, il a procédé, etc. *(Voir la formule)*.

110. Si l'adoption est inscrite au lieu même du domicile de l'adopté, l'Officier de l'Etat civil doit en faire mention en marge de l'acte de naissance.

111. Dans le cas où il serait formé des oppositions à l'inscription, l'Officier de l'Etat civil *doit passer outre*, attendu,

dit Miroir, page 143, volume 1er du formulaire municipal, que la loi n'a point fixé le mérite d'une pareille opposition, et qu'elle n'a point prévu le cas où elle pourrait être formée.

CHAPITRE 3.

DU MARIAGE.

CONDITIONS REQUISES POUR CONTRACTER MARIAGE.

AGE. — CONSENTEMENT DES CONTRACTANTS. — CONSENTEMENT DES PARENTS. — ACTE RESPECTUEUX. — ENFANTS NATURELS ET ADOPTIFS.

Age.

112. L'homme avant *dix-huit ans* révolus, la femme avant *quinze ans* ne peuvent contracter mariage. (Code civil, article 144).

113. Quand il est contrevenu à cette disposition, le mariage peut être attaqué, soit par les époux eux-mêmes, soit par tous ceux qui y ont intérêt, soit encore par le Ministère public. (Article 184 du Code civil).

114. Lorsque des personnes se présentent pour contracter mariage, l'Officier de l'état civil doit donc s'assurer de leur âge en se faisant représenter leur acte de naissance où les pièces qui doivent le remplacer.

115. Le Roi peut, pour des motifs graves, accorder des dispenses d'âge. (Article 145 du Code civil).

116. Un arrêté du 20 prairial an II a tracé les règles à suivre pour obtenir ces dispenses d'âge : ces règles consistent à présenter une demande au Procureur du Roi de son domicile, celui-ci appose son avis et l'envoie au Garde des sceaux, qui expédie, s'il y a lieu, la dispense; l'Ordonnance royale qui la contient, doit être enregistrée au greffe du tribunal, et une expédition contenant mention de cet enregistrement doit être annexée à l'acte de mariage.

CONSENTEMENT DES CONTRACTANTS.

117. La condition essentielle de tout mariage, c'est le consentement de ceux qui le contractent. (Code civil, article 146).

118. La loi veut un consentement libre, c'est-à-dire qu'il soit l'effet d'une volonté réfléchie, et qu'il n'y ait, dès-lors, ni contrainte, ni violence; qu'il soit éclairé, c'est-à-dire que celui qui le donne ne soit pas privé de sa raison. — Le consentement des parties est donné de vive voix par la réponse affirmative aux questions de l'Officier de l'état-civil; celui-ci doit donc faire *prononcer nettement cette réponse*, et la faire répéter, s'il y remarquait de l'hésitation; et si quelques circonstances excitaient ses doutes, il ne devrait pas négliger d'en *provoquer l'explication avec tous les égards et les ménagements convenables*.

SOURDS-MUETS.

119. Les sourds-muets peuvent se marier, pourvu qu'ils soient en état de manifester leur consentement d'une manière non équivoque.

CONSENTEMENT DES PARENTS.

120. Outre le consentement des contractants, il faut encore selon l'âge, le consentement de diverses autres personnes; ainsi, le fils qui n'a pas atteint vingt-cinq ans et la fille qui n'a pas vingt-un ans accomplis, ne peuvent contracter mariage sans le consentement de leur père et mère. — En cas de dissentiment, le consentement du père suffit. *(Code civil, article 148)*.

121. Il faut donc demander le consentement de la mère comme celui du père, mais le premier serait inutile sans le second; cependant, si la mère se présentait pour déclarer qu'elle ne consent pas au mariage, l'Officier de l'état-civil ne pourrait se dispenser de faire mention de son refus dans l'acte; il ne pourrait même passer outre. Si, avant le jour fixé pour la célébration, elle avait formé opposition au mariage dans la forme prescrite par la loi, dans ce cas, il faudrait attendre que le tribunal eut statué sur l'opposition.

122. Si l'un des deux est mort, ou dans l'impossibilité de manifester sa volonté, le consentement de l'autre suffit. *(Code civil, article 149)*.

123. Si le père et la mère sont tous deux morts ou dans

l'impossibilité de manifester leur volonté, les aïeuls et aïeules les remplacent; s'il y a dissentiment entre l'aïeul et l'aïeule d'une même ligne, le consentement de l'aïeul suffit; s'il y a dissentiment entre les deux lignes, ce partage emporte consentement. *(Article 150 du Code civil)*.

124. Enfin, s'il n'y a ni père, ni mère, ni aïeuls, ni aïeules, ou s'ils sont tous dans l'impossibilité de manifester leur volonté, et, si les futurs époux ont moins de vingt-un ans, ils ne peuvent se marier sans le consentement du conseil de famille. *(Code civil, article 150)*.

125. Toutefois, pour éviter aux personnes de la classe inférieure, dont quelques-unes ne connaissent pas le domicile de leurs ascendants, des recherches et des frais, le Conseil d'Etat a émis un avis dont voici la teneur :

Du 4 thermidor an XIII — 23 juillet 1805.

« Le Conseil d'Etat est d'avis :

« 1° Qu'il n'est pas nécessaire de produire les actes de décès des pères et mères des futurs mariés, *lorsque les aïeuls où aïeules attestent ce décès;* et, dans ce cas, il doit être fait mention de leurs attestations dans l'acte de mariage.

« 2° Que si les pères, mères, aïeuls ou aïeules, dont le consentement ou conseil est requis, sont décédés, et, si l'on est dans l'impossibilité de produire l'acte de leur décès ou la preuve de leur absence, faute de connaître leur dernier domicile, il peut être procédé à la célébration du mariage des majeurs, sur leur déclaration à serment que le lieu des décès et celui du dernier domicile de leurs ascendants leur sont inconnus. — Cette déclaration doit être certifiée aussi par serment des quatre témoins de l'acte de mariage, lesquels affirment que quoiqu'ils connaissent les futurs époux, ils ignorent le lieu de décès de leurs ascendants et leur dernier domicile. — Les Officiers de l'état-civil doivent faire mention dans l'acte de mariage, desdites déclarations. »

126. Le consentement des pères et mères, aïeuls ou aïeules, peut être donné soit par eux-mêmes, s'ils sont présents à l'acte

de mariage, soit par l'intermédiaire d'un fondé de pouvoir, muni d'une procuration spéciale et authentique pour consentir au mariage, soit enfin par un acte séparé, dressé en forme authentique, c'est-à-dire devant notaire, et contenant les prénoms, noms, profession et domicile du futur époux et de la personne qui donne son consentement, ainsi que leur degré de parenté. (*Article* 73 *du Code civil rappelé par une circulaire du* 27 *avril* 1807).

128. Lorsqu'il y a lieu de recourir à un conseil de famille, ce conseil ne peut donner son consentement que par un acte, et cet acte doit contenir les mêmes énonciations qui viennent d'être indiquées.

129. Quand il est besoin d'établir l'acte de décès du père ou de la mère, ou d'un ascendant, on produit l'acte qui le constate toutes les fois qu'il est possible de se le procurer. Si les registres sont perdus, ou s'il n'en a jamais existé, la preuve de la mort peut être faite, soit par les papiers et registres émanés des père et mère de la personne morte, soit par témoins. (*Article* 46 *du Code civil*).

130. L'impossibilité de manifester sa volonté peut résulter de cinq causes : 1° *l'absence*, qui se constate, soit par l'expédition du jugement qui l'a déclaré (Code civil, article 115 et suivants), soit par un acte de notoriété délivré par le juge de paix du lieu du dernier domicile de l'ascendant sur la déclaration de quatre témoins (Code civil, article 155); 2° *la démence* et *l'imbécilité*, qui se justifient par le jugement d'interdiction ; 3° *la maladie grave*, qui est constatée par un médecin, commis, à cet effet, par l'Officier de l'état-civil; 4° *les sourds-muets*, ne sachant ni lire ni écrire ; les personnes *atteintes de toute autre infirmité*, qui ne leur permettrait pas de *manifester clairement* leur volonté, ce qui est constaté également par un médecin, nommé par le Maire; 5° enfin, *la privation des droits civils*, qui se justifie par un extrait de l'arrêt de condamnation et du procès-verbal d'exécution.

131. Dans ce dernier cas, l'Officier de l'état-civil, par

ménagement pour la famille, doit se borner à énoncer que tel ascendant est *dans l'impossibilité légale de donner son consentement*. Cette impossibilité est justifiée, en annexant aux pièces l'extrait de l'arrêt.

131. L'Officier de l'état-civil qui procèderait à la célébration d'un mariage, sans que les consentements qui seraient requis selon les dispositions qui viennent d'être analysées fussent énoncées dans l'acte, serait, à la diligence des parties intéressées et du Procureur du Roi, condamné à une amende de 16 à 200 francs, et à un emprisonnement de six mois au moins *(Code civil, article 156)*.

ACTES RESPECTUEUX.

132. On vient de voir, au numéro 120, que l'homme jusqu'à vingt-cinq ans et la fille jusqu'à vingt-un ans ne peuvent contracter mariage sans le consentement de leurs père, mère, etc ; après cet âge, les futurs époux peuvent se passer du consentement de leurs parents, mais doivent toujours réclamer leurs conseils.

133. Ainsi, lorsque les pères, mères, aïeules ou aïeuls, dont le consentement est requis pour le mariage, ainsi qu'on l'a dit, n'ont pas donné ce consentement, il doit leur être demandé *par un acte respectueux,* qui leur est notifié par un notaire et deux témoins, ou par deux notaires. Procès-verbal est dressé de cette notification, et mention est faite de la réponse *(Code civil, articles 151 et 154)*.

134. Depuis l'âge de *vingt-cinq ans* jusqu'à *trente* pour les hommes, et de *vingt-un* à *vingt-cinq ans* pour les femmes, l'acte respectueux doit, si le consentement n'intervient pas, être renouvelé deux autres fois, de mois en mois ; il est passé outre au mariage un mois après le troisième acte. — Après *trente ans* pour les hommes et *vingt-cinq ans* pour les femmes, il peut être procédé au mariage un mois après le premier acte respectueux. *(Code civil, articles 152 et 153)*.

135. Il pourrait arriver que pour toute réponse à l'acte

respectueux, un ascendant formait opposition au mariage, il devrait alors être sursis à la célébration jusqu'à ce que l'opposition fût levée.

PEINES CONTRE L'OFFICIER DE L'ÉTAT-CIVIL.

136. Les Officiers de l'état-civil qui auraient procédé à la célébration d'un mariage contracté par des fils n'ayant pas atteint l'âge de vingt-cinq ans accomplis, ou par des filles n'ayant pas atteint l'âge de vingt-un ans accomplis, sans que le consentement des pères et mères, celui des aïeuls et aïeules, celui de la famille, dans le cas où ils sont requis, soient énoncés dans l'acte de mariage, seront, à la diligence des parties intéressées et du Procureur du Roi près le tribunal de première instance du lieu où le mariage aura été célébré, condamnés à l'amende portée par l'article 193, et, en outre à un emprisonnement dont la durée ne pourra être moindre de six mois. *(Code civil, article 156)*.

137. Lorsqu'il n'y aura pas eu d'actes respectueux, dans le cas où ils sont prescrits, l'Officier de l'état-civil qui aurait célébré le mariage, sera condamné à la même amende et à un emprisonnement qui ne pourra être moindre d'un mois. *(Article 157 du Code civil)*.

138. Les peines portées aux deux articles précédents contre les Officiers de l'état-civil, leur seront appliquées, lors même que la nullité de leurs actes n'aurait pas été demandée, ou aurait été couverte ; le tout sans préjudice des peines plus fortes prononcées en cas de collusion, et sans préjudice aussi des autres dispositions pénales du titre V du livre Ier du Code civil. *(Article 195 du Code pénal)*.

ENFANTS NATURELS ET ADOPTIFS.

139. Toutes les dispositions qui ont été citées à l'égard des consentements et des actes respectueux s'appliquent à *l'enfant naturel reconnu légalement,* tant qu'il n'a pas atteint vingt-un ans, mais seulement en ce qui concerne les père et mère. *(Code civil, article 158)*.

140. La famille de l'enfant naturel ne remonte pas plus haut que le père et la mère qui l'ont reconnu.

ENFANTS NATURELS NON RECONNUS.

141. L'enfant qui ne peut être reconnu, c'est-à-dire l'incestueux et l'adultérin, ou celui qui, l'ayant été, a perdu ses père et mère, ne peut contracter mariage avant vingt-un ans, sans avoir obtenu le consentement d'un tuteur *ad-hoc*, c'est-à-dire, qui lui est donné spécialement pour cet objet. *(Code civil, article* 159*)*.

142. Pour les enfants naturels placés dans les hospices, le consentement doit être donné par la commission administrative de l'établissement.

143. Le tuteur *ad-hoc* ou la commission donne son consentement de la même manière et selon les mêmes formes que celles qui sont indiquées pour *les père et mère*.

ENFANTS ADOPTIFS.

144. Les *enfants adoptifs* restant malgré l'adoption, dans leur famille naturelle, ont à demander le consentement, non pas de leur père adoptif, mais de leurs parents légitimes ou naturels, selon ce qui a été dit jusqu'ici.

INTERDICTIONS ABSOLUES ET TEMPORAIRES.

ENGAGEMENT DANS LES ORDRES. — PRÉCÉDENT MARIAGE. — MORT CIVILE. — PARENTÉ. — VEUVAGE.

ENGAGEMENTS DANS LES ORDRES.

145. Par arrêt du 21 février 1833, la cour suprême a jugé que les prêtres ne pouvaient contracter mariage ; c'est donc la règle que doivent suivre les Officiers de l'état-civil. — Cette règle avait déjà été tracée par une instruction du ministre de la justice, du 27 janvier 1831.

PRÉCÉDENT MARIAGE.

146. On ne peut contracter mariage avant la dissolution d'un autre qui aurait été contracté précédemment. *(Code civil, article* 147*)*.

Peines contre l'Officier de l'état-civil.

147. L'Officier de l'état-civil qui prêterait son ministère à la célébration d'un second mariage serait condamné aux travaux forcés à temps, s'il était prouvé qu'il avait connaissance du premier mariage. *(Code pénal, article 340).*

148. Si l'un des futurs époux ou tous deux ont été mariés, l'Officier public doit exiger la preuve de la dissolution du précédent mariage, qui peut avoir eu lieu par trois causes: La *mort* de l'un des époux, le *divorce* prononcé antérieurement à la loi du 8 mai 1816, et la *nullité du mariage* prononcée judiciairement. *(Article 227 du Code civil).*

Mort civile.

149. L'individu mort civilement ne peut contracter mariage. *(Articles 18 et 25 du code civil et 18 du Code pénal).*

150. On entend par *mort civilement,* l'individu qui, quoique vivant, est considéré comme mort relativement à l'exercice de ses droits civils, par suite d'une condamnation judiciaire à laquelle la loi a attaché cet effet. *(Articles 22, 23, 24 et 25 du Code civil).*

151. Toutefois, si l'on pouvait justifier de l'obtention de lettres de grâce, l'Officier de l'état-civil pourrait prononcer le mariage.

152. Le mariage est dissous, *quant à tous* ses effets civils, par la mort civile. *(Articles 25 et 277 du code civil)* — Quelques auteurs ont pensé dès lors que l'épouse du mort civilement pouvait contracter un second mariage. — Sans chercher à examiner l'opinion de ces auteurs, il serait plus prudent que l'Officier de l'état-civil renvoyat les parties à faire prononcer par les tribunaux qu'il peut être passé outre au mariage de l'époux du condamné.

Parenté.

153. En ligne directe, le mariage est prohibé entre tous les descendants et ascendants légitimes ou naturels et alliés dans la même ligne. *(Article 161 du code civil).*

154. Il faut bien remarquer, dit M. de Puibusque, que cette prohibition porte sur le mariage de l'enfant naturel non seulement avec ses père et mère, mais aussi avec les pères et mères de ceux-ci; car, si les enfants naturels sont réputés n'avoir ni aïeuls ni aïeules en ce qui concerne les droits et effets civils, il en est autrement relativement à des liens qui touchent d'aussi près la morale que ceux du mariage.

155. En ligne collatérale, le mariage est prohibé entre le frère et la sœur légitimes ou naturels, et les alliés au même degré. *(Article 162 du Code civil)*.

156. Lorsqu'il y a eu mariage entre deux personnes ayant chacune des enfants de précédents mariages, ces enfants peuvent se marier entre eux. *(Lettre du ministre du 4 mai 1810)*.

157. Le mariage est encore prohibé entre l'*oncle* et la *nièce*, la *tante* et le *neveu*. (Code civil, article 163), le grand-oncle et la petite-nièce, la grand'tante et le petit-neveu. *(Décret du 7 mai 1808)*.

158. La prohibition dont il est parlé en l'article précédent ne s'étend pas à la parenté par alliance; — ainsi un neveu peut épouser la femme de son oncle.

159. Le Roi peut, pour des causes graves, accorder des dispenses pour le mariage entre les beaux-frères et belles-sœurs, les oncles et nièces, neveux et tantes, grand-oncle et petite-nièce, et grand'tante et petit-neveu. *(Code civil, article 164, et loi du 17 avril 1832)*.

160. Ces dispenses s'obtiennent de la même manière que les dispenses d'âge. *(Voir à cet effet les n⁰ˢ 115 et 116)*.

161. Le mariage est encore prohibé entre l'adoptant, l'adopté et ses descendants, entre les enfants adoptifs d'un même individu, entre l'adopté et les enfants qui pourraient survenir à l'adoptant, entre l'adoptant et le conjoint de l'adopté. *(Code civil, article 348)*.

162. Il est superflu de rappeler que l'enfant adoptif reste, à l'égard de sa famille naturelle, sujet aux règles générales pour les prohibitions de mariage. — *(Voir n° 103)*.

VEUVE.

163. La femme veuve ne peut contracter un mariage que

dix mois révolus après la dissolution du premier. *(Article 228 du Code civil)*

164. L'Officier de l'état-civil qui prêterait son ministère à un nouveau mariage avant l'expiration de ce délai, serait condamné à une amende de 16 à 300 francs (*Code pénal, art.* 194) et même à une peine plus forte, s'il y avait collusion. *(Art.* 195 *du Code civil).*

MILITAIRE.

165. L'Officier de l'état-civil ne peut procéder au mariage d'un officier en activité de service si l'on ne lui représente pas le permis qui doit lui être accordé par le ministre : il en est de même d'un sous-officier ou d'un soldat, l'Officier de l'état-civil ne doit pas procéder au mariage si on ne lui représente pas l'autorisation qui doit en être donnée préalablement par le conseil d'administration du corps. *(Décret du* 16 *juin* 1808 *et circulaire du* 17 *décembre* 1843).

166. On ne peut refuser la célébration du mariage aux jeunes gens qui concourent aux appels jusqu'au jour où ils sont inscrits comme jeunes soldats sur le régistre départemental ; mais il importe que le Maire leur fasse connaître, que l'exemption ne peut leur être appliquée par le fait de leur mariage.

PUBLICATIONS. OPPOSITIONS. — PIÈCES A FOURNIR.

PUBLICATIONS.

167. Les publications, qu'on appelle communément *Bans,* sont les annonces publiques du projet de mariage : elles sont destinées à le faire connaître autant que possible, afin que tous ceux qui auraient intérêt de s'y opposer, aient la possibilité de le faire.

168. Avant la célébration du mariage, l'Officier de l'état-civil doit faire deux publications, deux dimanches consécutifs, à midi, à la porte de la maison commune. (*Article* 63 *du Code civil).*

169. Ces publications doivent énoncer les prénoms, noms,

professions et domiciles des futurs époux, leur qualité de majeurs ou de mineurs, et les prénoms, noms, professions et domiciles de leurs pères et mères. *(Article* 63, *Code civil).*

170. Les publications sont faites sur la réquisition des parties, et sur les notes remises ordinairement par elles à l'Officier de l'état-civil, qui s'assure, autant que possible, du consentement de chacune des deux parties.

171. Si les futurs époux sont mineurs, il est bien de ne faire les publications qu'après s'être assuré que leur mariage a l'assentiment des personnes dont ils dépendent.

172. Il est dressé de chacune de ces publications, un acte séparé, contenant les mêmes indications que les publications mêmes, et, en outre, les jour, lieu et heure où les publications auront été faites. — Cet acte est inscrit sur un registre spécial non tenu en double, coté et paraphé, comme les autres registres de l'état-civil, et qu'on appelle registre des *publications de mariages.* (*Article* 63 *du Code civil).*

173. Un extrait de cet acte, c'est-à-dire du registre où il est inscrit, doit rester affiché à la porte de la maison commune, pendant la semaine d'intervalle entre les deux publications. (*Article* 64 *du Code civil*).

174. Dans un grand nombre de communes, on assure la conservation de l'affiche au moyen d'un cadre fermé d'un grillage dans lequel la copie de l'acte est déposée. — Cette précaution ne peut pas être trop suivie.

175. Les affiches doivent être sur papier au timbre de 35 cent. (*Décision du Ministre des finances du* 16 *septembre* 1807).

176. Les publications ordonnées par l'article 163 du code civil, doivent être faites au lieu du domicile de chacune des parties contractantes; néanmoins, si le domicile actuel de l'une d'elles ou de toutes les deux, ne date que de six mois, les publications doivent être faites aussi au dernier domicile. (*Code civil, article* 167).

177. Si les futurs époux ou l'un d'eux, avait habité plusieurs communes dans les derniers six mois, il y aurait lieu de faire

les publications dans chacune de ces diverses localités , et aussi dans celles qu'ils auraient habitées avant les six mois. (*Par induction de l'article* 167 *du Code civil*).

178. Enfin, si les deux époux ou l'un d'eux sont, d'après leur âge, tenus de se munir de consentements de parents, les publications doivent avoir lieu au domicile de ceux-ci. (*Article* 168 *du Code civil.*)

179. Le mariage ne peut avoir lieu avant le *troisième jour* depuis la seconde publication (*Code civil, article* 64, *non compris celui où elle a eu lieu*). La dernière publication, par exemple, ayant été faite le dimanche, le mariage ne peut avoir lieu que le mercredi au plus tôt. S'il y a eu publication dans différentes communes et à différentes dates, c'est de la plus tardive que court le délai.

180. Si le mariage n'est pas célébré dans l'année, à compter de l'expiration du délai des publications, c'est-à-dire des trois jours après lesquels il peut avoir lieu, il ne pourrait plus être célébré qu'autant que de nouvelles publications auraient été faites dans la forme prescrite. (*Code civil, article* 65.

181. Ainsi, en supposant que la première publication ait eu lieu le premier mai 1844, le mariage n'a pu avoir lieu qu'à partir du quatre : Ce jour sera donc le point de départ pour compter l'année, et ce sera le quatre mai 1845 que les publications seront périmées.

182. Si les publications ont été faites dans plusieurs communes et à des dates différentes, et qu'il y en ait quelques-unes de frappées par le délai de l'année, il sera nécessaire de les renouveller, quoique les autres soient encore valables.

183. Pour les militaires et employés à la suite des armées, qui servent hors de France, les publications sont faites au lieu de leur dernier domicile. Elles sont, en outre, mises vingt-cinq jours avant la célébration du mariage à l'ordre du jour du corps d'armée, pour les officiers sans troupes et pour les employés qui en font partie. (*Code civil, article* 94).

184. Quant aux militaires au service de France, il n'est point dérogé à leur égard aux règles générales.

185. Le Roi ou les officiers préposés par lui à cet effet peuvent, pour des causes graves, dispenser de la seconde publication (*article* 169 *du Code civil*), mais jamais de la première.

186. C'est le Procureur du Roi du tribunal dans l'arrondissement duquel le mariage doit être célébré, qui accorde la dispense au nom du gouvernement. La demande qui lui en est faite sur une feuille de 35 centimes, doit énoncer les motifs d'urgence à raison desquels la dispense est sollicitée. — Si elle est accordée, l'acte qui la contient est déposé au secrétariat de la commune où le mariage doit avoir lieu : le Maire en délivre une expédition dans laquelle mention est faite du dépôt, et qui reste annexée à l'acte de mariage. (*Arrêté du* 20 *prairial, an* XI).

PEINES.

187. L'Officier de l'état-civil qui célébrerait un mariage sans les publications requises, ou sans qu'on ait laissé écouler entre elles l'intervalle prescrit, serait condamné à une amende de 300 francs au plus. (*Code civil, article* 192).

OPPOSITIONS.

188. Les oppositions ont pour effet d'empêcher la célébration du mariage, et l'Officier de l'état-civil ne peut y procéder qu'autant qu'on lui a remis la main-levée.

189. Le droit de former opposition appartient à la personne engagée par mariage avec l'une des deux parties. (*Code civil, article* 172).

190. Ainsi ce droit appartient au père, et, à défaut du père, à la mère, et, à défaut du père et de la mère, aux aïeuls et aïeules des futurs époux, quel que soit l'âge de ceux-ci. (*Code civil, article* 173).

191. A défaut d'aucun ascendant, le frère et la sœur, l'oncle ou la tante, le cousin ou la cousine germains, majeurs, peuvent former opposition; mais seulement dans deux cas. 1° Lorsque le consentement du conseil de famille n'a pas été obtenu ; 2° Lorsque l'opposition est fondée sur l'état de démence du futur époux. (*Code civil, article* 174).

192. Dans ces deux cas, le tuteur ou curateur, pourrait éga-

lement former opposition, mais seulement s'il y était autorisé par le conseil de famille. (*Code civil, article* 175).

193. Tout acte d'opposition énonce la qualité qui donne à l'opposant le droit de la former. Il contient élection de domicile dans le lieu où le mariage doit être célébré ; il doit également, à moins qu'il ne soit fait à la requête d'un ascendant, contenir les motifs de l'opposition, le tout à peine de nullité. (*Code civil, article* 176).

194. Les actes d'opposition sont signés sur l'original et sur la copie par les opposants ou leur fondé de procuration spéciale et authentique ; ils doivent être signifiés, avec la copie de la procuration, s'ils sont faits par fondés de pouvoir, à la personne ou au domicile des parties, et à l'Officier de l'état-civil. (*Code civil, article* 66).

195. L'Officier de l'état-civil n'est pas juge du mérite des oppositions. C'est aux tribunaux à en apprécier la validité, et à en donner main-levée s'il y a lieu. (*Code civil, articles* 177 *et* 178).

196. Lors donc que l'Officier de l'état-civil reçoit signification d'une opposition, il doit se borner à y mettre son visa (*Code civil, article* 66) et à en faire immédiatement mention sommaire sur le registre des publications (*Code civil, article* 67). — Cette mention doit être faite dans le corps même du registre, et non en marge. L'Officier de l'état-civil attend ensuite, pour célébrer le mariage, que la main-levée lui ait été remise.

197. Si les publications ont eu lieu dans plusieurs communes, l'Officier de l'état-civil, qui procède au mariage, doit se faire remettre un certificat délivré par l'Officier de l'état-civil de chacune de ces communes, constatant qu'il n'y a pas eu d'opposition. (*Code civil, article* 69).

198. Quand la main-levée est donnée, il en doit être fait mention par l'Officier de l'état-civil en marge de l'inscription des oppositions qu'il avait précédemment faite au registre des publications. (*Code civil, article* 67).

199. Lorsque les contractants sont domiciliés dans la même commune, l'Officier de l'état-civil ne doit pas exiger d'eux qu'ils aient à justifier qu'il n'existe point d'oppositions ; car s'il en existait, elles ne pouraient lui échapper, puisqu'elles doivent lui être notifiées, qu'il en vise l'original et qu'il doit en faire mention sur le registre des publications.

PEINES.

200. Lorsque l'Officier de l'état-civil procède à un mariage, pour lequel il a reçu une opposition, sans qu'il lui ait été présenté main-levée de cette opposition, il est passible d'une amende de 300 francs et de tous les dommages-intérêts.

PIÈCES À FOURNIR.

201. Les pièces dont la réunion est nécessaire pour qu'il soit procédé au mariage sont :

1° L'acte de naissance de chacun des époux, et, en cas d'impossibilité de se le procurer, un acte de notoriété délivré par le Juge de paix du lieu de la naissance ou du domicile, contenant la déclaration faite par sept témoins de l'un ou de l'autre sexe, parents ou non parents, des prénoms, nom, profession et domicile du futur époux et de ceux de ses père et mère s'ils sont connus ; le lieu, et autant que possible l'époque de la naissance, ainsi que les causes qui empêchent d'en rapporter l'acte. — Les témoins signent l'acte avec le Juge de paix, ou mention est faite qu'ils ne savent ou ne peuvent signer ; puis il doit être homologué par le tribunal. (*Code civil, articles* 70, 71 *et* 72).

2° S'il y a dispense d'âge ou de parenté, expédition de l'ordonnance qui l'accorde, duement enregistré au greffe du tribunal.

3° Le consentement par acte authentique des parents, s'ils ne le donnent pas en personne, ou leurs actes de décès ou autres pièces en tenant lieu.

4° Le consentement de la commission administrative des hospices, lorsqu'il s'agit d'un enfant naturel non reconnu et qui n'a pas atteint l'âge de vingt-un ans.

5° Pour les militaires et les employés d'armées, outre, le consentement de leurs parents, il est certaines pièces particulières qui doivent encore être exigées, ainsi :

1ᵗ Les officiers de tout grade, en activité ou réforme, les intendants ou sous-intendants militaires, les officiers de santé de toutes classes doivent présenter la permission du Ministre de la guerre. (*Décret des 16 juin et 28 août* 1808; *ordonnance du 29 octobre* 1820; *avis du Conseil-d'Etat du 21 décembre* 1808).

2ᵗ Les officiers et aspirants de la marine royale, les officiers des troupes d'artillerie de la marine, les officiers du génie maritime, les administrateurs de la marine, et tout officier militaire ou civil du département de la marine, nommé par le Roi, doivent se servir de l'autorisation du Ministre de la marine. (*Décret du 3 août* 1808, *articles premier et deuxième)*.

3ᵗ Les sous-officiers et soldats des armes de terre ou de mer, ont à produire la permission des conseils d'administration de leurs corps. (*Décision des 16 juin et 28 août* 1808.)

4ᵗ Les sous-officiers et soldats de la gendarmerie, celle du commandant de la compagnie, approuvée par le colonel. (*Ordonnance du 29 octobre* 1820.)

5ᵗ Les sous-officiers, caporaux, brigadiers et soldats en congé illimité ou en congé d'un an, et les jeunes soldats faisant partie de la réserve, qui sont entrés dans la dernière année de leur service, doivent obtenir la permission du maréchal-de-camp ou de l'officier supérieur du département. (*Instruction du Ministre de la guerre, du 16 novembre* 1833.)

6ᵗ Les hommes faisant partie de la réserve, laissés dans leurs foyers, qui sont encore soumis au service pour plus d'une année, doivent obtenir la permission du ministre de la guerre, par l'intermédiaire du maréchal-de-camp, commandant le département et du lieutenant-général, commandant la division. (*Décision du Ministre de la guerre du 4 mars* 1837.)

7ᵗ Les militaires en retraite ne sont soumis à aucune des dispositions qui précèdent. Toutefois, le Maire pour éviter toute erreur, a le droit d'exiger d'eux un certificat du commandant de la division, constatant qu'ils ne sont plus dans le cas d'être rappelés au service. (*Circulaire du Ministre de l'intérieur du 29 mai 1816.*)

6° Le procès-verbal des actes respectueux, dans le cas où ils sont prescrits.

7° Lorsque les publications ont dû être faites dans des communes autres que celles où le mariage doit avoir lieu, des certificats des Officiers de l'état-civil de ces communes, indiquant le jour et l'heure auxquels ces publications ont eu lieu.

8° Ces certificats doivent faire mention des oppositions qui ont pû être formées, ou attestés qu'il n'en existe pas. (*Code civil, article* 69) ; Ils doivent demeurer annexés à l'acte.

9° La main-levée des oppositions, s'il en a été fait.

10° Si l'un des époux a été déjà marié, la preuve de la dissolution du précédent mariage.

Voilà le plus ordinairement, les pièces qui sont exigées par l'Officier de l'état-civil et qui doivent, comme toujours, rester annexées à l'acte. Si quelqu'une manquait ou présentait quelque irrégularité remarquable, l'Officier de l'état-civil devrait s'abstenir de procéder au mariage et en référer au Procureur du Roi, ou même se laisser assigner pour que le tribunal vidât la question.

PEINES.

212. Les Officiers de l'état-civil qui célébreraient *sciemment* le mariage d'un officier, sous-officier ou soldats des armées de terre ou de mer, sans s'être fait remettre la permission exigée, seraient destitués de leurs fonctions. (*Décret du 16 juin 1808.*)

DE LA CÉLÉBRATION DU MARIAGE.

LIEU DE LA CÉLÉBRATION. — JOUR ET HEURE DE LA CÉLÉBRATION.—FORMALITÉ DE LA CÉLÉBRATION.—RÉDACTION DE L'ACTE. — LÉGITIMATION PAR MARIAGE SUBSÉQUENT.

LIEU DE LA CÉLÉBRATION.

213. Après que les futurs époux ont fait toutes les justifica-

tions et produit toutes les pièces requises , ainsi qu'on vient de le voir, il peut être procédé à la célébration du mariage.

214. Cette cérémonie a lieu dans la commune où l'un des deux époux a son domicile, qui s'établit par six mois d'habitation continue. *(Code civil, article 74)*.

215. Lorsque cette résidence de six mois est le résultat d'une absence momentanée du domicile habituel ou d'origine, les futurs conservent cependant le droit d'y faire célébrer leur mariage.

216. Les militaires à l'intérieur du Royaume, ne peuvent non plus se marier que dans la commune où ils résident depuis six mois au moins, ou dans celle où leur future épouse a son domicile.

217. Quant aux militaires qui se trouvent aux armées , leur mariage est célébré par l'officier ou employé militaire qui est chargé de l'état-civil *(Article 89 du Code civil)*, il doit, immédiatement après l'inscription de l'acte sur les registres, en envoyer expédition à l'Officier de l'état-civil du dernier domicile des époux *(Code civil, article 95)*, et celui-ci la transcrit sur ses registres.

218. Le mariage doit être célébré dans la maison commune ou dans le local qui en tient lieu, et non dans le domicile des aprties *(Article 75 du Code civil)*. Il doit avoir lieu publiquement, c'est-à-dire les portes du local tenues ouvertes pour que le public puisse assister au mariage *(Article 165 du Code civil)*. Une amende qui peut s'élever jusqu'à 300 fr. , serait prononcée contre l'Officier qui aurait négligé cette dernière condition *(Article 195 du Code pénal)*.

219. Toutefois si l'un des époux était, par suite de maladies ou infirmités , dans l'impossibilité complète de se rendre à la maison commune, la loi ne s'oppose point d'une manière absolue, à ce que l'Officier de l'état-civil se transporte dans le lieu où il serait retenu, et y célèbre le mariage. Mais, dans ce cas, il faudrait d'abord que l'impossibilité fut constatée *par procès-verbal d'un médecin* désigné pour celà , et que mention en fut faite dans l'acte auquel le procès-verbal resterait annexé:

en second lieu, que, pour satisfaire autant que possible à la condition de publicité, les portes de la maison où le mariage aurait lieu fussent tenues ouvertes pendant la célébration (*Instruction du Ministre de la justice du 3 juillet 1811*).

Jour et heure de la célébration.

220. Le jour de la célébration est désigné par les parties, en observant ce qui a été dit au n° 179, sur le délai qu'il faut laisser écouler après les publications (*Code civil, article 75*), mais l'heure est fixée par l'Officier de l'état-civil (*Article 75 du Code civil*).

Formalités de la célébration.

221. Pour la célébration du mariage, l'assistance de quatre témoins, parents ou non parents est indispensable (*Code civil, article 75*).

222. D'après ce même article 75, l'Officier de l'état-civil doit commencer par donner lecture des diverses pièces qui sont relatives à l'état des parties et aux formalités du mariage.

Ces pièces sont :

1° L'acte de naissance de chacun des futurs époux, ou, s'ils sont dans l'impossibilité de se le procurer, l'acte de notoriété qui doit y suppléer, (*Article 70 du Code civil*).

2° L'acte de consentement de tous ceux dont il est requis, (dans le cas ou ils ne seraient pas présents au mariage).

3° A défaut de consentement des ascendants, les procès-verbaux des actes respectueux qui ont été faits.

4° Les actes de décès, ou les jugements constatant l'absence de ceux dont le consentement est requis.

5° Les certificats des publications faites dans les divers domiciles.

6° La main-levée des oppositions, s'il en a été fait, ou les certificats délivrés par les Officiers de l'état-civil des communes où il a été fait des publications, attestant qu'il n'existe point d'opposition.

7° L'expédition authentique des dispenses qui ont pu être accordées.

223. L'Officier de l'état-civil lit ensuite le chapitre V du titre du mariage, du code civil, sur les droits et les devoirs respectifs des époux (*Article 75 du Code civil*) (1).

224. Après cette lecture, il reçoit le consentement de *chacune des parties*, qu'il leur demande d'ordinaire en ces termes : *consentez-vous à prendre pour époux M · · · · · · ici présent ?* La réponse, ainsi qu'on l'a dit au n° 118 doit être formelle et précise.

225. Il prononce ensuite, *au nom de la Loi*, que les parties *sont unies par le mariage*. Comme ces paroles sont celles mêmes de la loi, elles doivent être employées de préférence à toutes autres.

226. Après l'accomplissement de toutes ces formalités, l'Officier de l'état-civil rédige *immédiatement* l'acte de mariage (*Article 75 du Code civil*).

227. Cet acte doit énoncer :

1° Les prénoms, noms, professions, âges, lieux de naissance et domiciles des époux ;

2° S'ils sont majeurs ou mineurs ;

3° Les prénoms, noms, professions et domiciles des pères et mères, ou des aïeuls et aïeules ;

---

(1) Lorsque l'un des futurs époux est sourd-muet et qu'il sait lire et écrire, l'Officier de l'état-civil doit lui faire lire le texte de la loi. —L'interpellation de ce magistrat lui est adressée par écrit et il doit y répondre également par écrit.

S'il ne sait ni lire ni écrire, l'Officier de l'état-civil doit lui donner pour interprète la personne qui a le plus l'habitude de se faire comprendre. Les interpellations et les réponses sont transmises par l'intermédiaire de cet interprète.

Il n'est pas absolument nécessaire que cet interprète soit du sexe masculin ni citoyen français. (*Décisions de la Cour de cassation du 16 avril* 1818, *et du 2 mars* 1827.

L'Officier de l'état-civil doit aussi leur faire préalablement prêter serment de remplir fidèlement et en conscience, la fonction qui leur est confiée.

L'accomplissement de ces diverses formalités doit être soigneusement mentionné dans l'acte de mariage.

4° Le consentement des pères et mères, aïeuls et aïeules, et celui du conseil de famille, dans le cas où ils sont requis ;

5° L'acte ou les actes respectueux, s'il en a été fait ;

6° Les publications dans les divers domiciles ;

7° Les oppositions, s'il y en a, leur main-levée ou la mention qu'il n'y a pas eu d'opposition ;

8° Les autorisations qui auraient été accordées pour les dispenses d'âge ;

9° La déclaration des contractants de se prendre pour époux, et le prononcé de leur union par l'Officier public ;

10° Les prénoms, noms, âges, professions et domiciles des témoins et leurs déclarations, s'ils sont parents ou alliés des parties, de quel côté et à quel degré (*Article* 76 *du Code civil*) ;

11° L'autorisation délivrée par l'autorité compétente s'il s'agit d'un militaire ;

12° La dispense de la seconde publication lorsqu'elle a été donnée, etc. ;

13° Enfin, il faut mentionner que la lecture des pièces et du chapitre VI, titre V du Code civil a été faite.

228. Ces énonciations sont celles qui se rencontrent le plus ordinairement dans les actes de mariage; mais il en est d'autres qui peuvent être nécessaires, selon la position spéciale de l'un ou de l'autre des époux ; ainsi, il faut énoncer s'il y a eu dispense de parenté, si l'un des époux est veuf, etc. etc. Outre les règles qui viennent d'être tracées, il en est encore qui s'appliquent à tous les actes de l'état-civil en général et auxquels il faut recourir. Ces règles sont suffisamment indiquées ici.

229. Enfin, pour la justification des diverses énonciations contenues dans l'acte de mariage, il faut annexer à l'acte les pièces à l'appui. Cette annexe a lieu ainsi qu'il est dit au n° 54.

230. Il peut arriver que, dans l'acte de naissance produit par l'un des futurs époux, son nom ne se trouve point orthographié comme celui de son père, ou qu'on y ait omis les pré-

noms ou quelques-uns des prénoms de son père ou de sa mère; dans ce cas, il suffirait sans qu'on ait besoin de faire procéder à la rectification de l'acte, de faire attester l'identité par les père et mère ou les aïeuls, qui assistent au mariage.

Lorsque les ascendants n'assistent pas au mariage et qu'ils y donnent seulement leur consentement par écrit, il suffit que l'attestation d'identité soit contenue dans l'acte de consentement.

L'identité peut être pareillement constatée par une délibération du conseil de famille ou par un tuteur spécial, ou enfin, par les quatre témoins lorsqu'il s'agit de futurs, âgés de plus de 21 ans, dont le père et la mère et les aïeuls sont morts (*Avis du Conseil-d'Etat du 30 mars 1808*).

On ne perdra pas de vue que ces attestations doivent être énoncées dans l'acte de mariage.

REFUS DE SIGNATURE.

231. Si, après la prononciation du mariage, et lors de la rédaction de l'acte, ou même après sa rédaction, l'une des parties, l'un des parents ou des témoins venait à refuser sa signature, l'Officier de l'état-civil en dresserait procès-verbal qu'il consignerait sur le registre à la suite de l'acte de mariage. Il ferait ensuite signer le tout par les témoins et les autres personnes qui auraient pu comparaître, ou mentionnerait leur refus. — Les tribunaux, ensuite, pourraient être saisis à statuer sur les questions qui pourraient s'élever.

232. Après l'accomplissement de toutes ces formalités, le Maire délivre aux parties, si elles le demandent, un certificat de mariage, sans la présentation et la remise duquel aucun ministre du culte ne pourrait procéder à la bénédiction nuptiale (*Loi du 18 germinal, an* X).

233. On a vu aux numéros 93 et suivants, que deux époux qui avaient des enfants avant d'être mariés pouvaient, en les reconnaissant dans l'acte même de leur mariage, leur assurer la qualité et les droits d'enfants légitimes. — Cela résulte de l'*Article 331 du Code civil*. Dans ce cas, l'Officier de l'état-civil

doit mentionner soigneusement dans l'acte, les noms sous lesquels les enfants étaient connus jusque là, et la déclaration de reconnaissance qui en est faite par les époux.

CHAPITRE 4.

DES DÉCÈS.

ACTES DE DÉCÈS.

QUELQUES CAS ORDINAIRES DE DÉCÈS. — DÉCÈS DANS CERTAINS CAS PARTICULIERS. — INHUMATIONS. — FORMALITÉS Y RELATIVES.

DÉCÈS DANS LES CAS ORDINAIRES.

234. Les décès doivent être déclarés à l'Officier de l'état-civil de la commune dans l'étendue de laquelle ils ont eu lieu, ou que la personne décédée y soit domiciliée, ou qu'elle y soit seulement résidente ou de passage *(Conséquence des articles 78, 80, 82, 83 et 84 du Code civil).*

235. La déclaration doit être faite dans les *vingt-quatre heures* qui suivent le décès *(Loi du 20 septembre 1792, titre V, article premier. — Conséquence des articles 77, 80 et 83).*

236. Cette déclaration est faite par deux témoins qui doivent être, *autant que possible,* les deux plus proches parents ou voisins de la personne décédée, lorsqu'elle est morte dans son domicile *(Code civil, article 78).*

237. Lorsqu'elle est morte hors de son domicile, la déclaration doit être faite par la personne chez qui le décès a eu lieu, et par un parent, un voisin ou tout autre individu ayant connaissance du décès *(Article 78 du Code civil).*

238. L'acte de décès doit contenir les prénoms, nom, âge, profession et domicile de la personne décédée, et, si elle était mariée, les prénoms et nom de l'autre époux; les prénoms, noms, âge, profession et domicile des déclarants, et, s'ils sont parents, leur dégré de parenté; s'ils sont seulement voisins ou maîtres de la maison dans laquelle le décès a eu lieu. De plus, autant qu'on pourra le savoir, les prénoms, noms, profession et domicile des père et mère du décédé, et sa naissance. *(Code civil, article 79).*

239. L'article 79 du Code civil ne dit pas que l'acte indiquera le jour et l'heure du décès, mais l'article 34 du même Code exige formellement cette mention dans tous les actes de l'état-civil *(Voir numéro 43)*.

240. Aux termes de l'avis du Conseil-d'Etat du 12 brumaire an XI, la déclaration des décès ne devrait pas être reçue après l'expiration des vingt-quatre heures et l'acte ne pourrait plus être inscrit qu'en vertu d'un jugement ; mais comme l'application rigoureuse de cette règle pourrait donner lieu à de graves inconvenients, l'Officier de l'état-civil, peut sans violer la loi et sans se compromettre, recevoir la déclaration et rédiger l'acte de décès après l'expiration du délai de vingt-quatre heures, *pourvu que le corps de la personne décédée lui soit représenté et qu'il soit possible de reconnaître son identité. — Il doit, ensuite, donner connaissance des faits au Procureur du Roi.*

TÉMOINS.

241. Les personnes par qui la déclaration de décès est faite, étant en même temps les témoins de l'acte, doivent avoir les qualités requises par l'article 37 du Code civil pour les témoins en général, c'est-à-dire être du sexe masculin et avoir au moins 21 ans.

242. On prend quelques fois pour témoins les deux premières personnes venues, ou des secrétaires de mairies. L'Officier de l'état-civil ne doit pas perdre de vue que les témoins doivent pouvoir certifier, d'après *leur connaissance personnelle,* le décès, son époque et l'identité de la personne décédée.

CONSTAT.

243. Aussitôt que l'Officier de l'état-civil a reçu la déclaration d'un décès, il doit se transporter immédiatement auprès de la personne décédée, pour s'assurer que la mort est réelle et qu'elle n'a aucune cause suspecte *(Art. 77, 80 et 84 du Code civ).*

244. Après que l'Officier de l'état-civil a reçu la déclaration du décès et qu'il l'a constaté, il dresse l'acte sur les deux registres, dont la tenue est exigée par l'article 40 du Code civil *(Voir numéro 20)*, puis il donne l'autorisation d'inhumer.

245. Lorsque la personne décédée est inconnue, l'acte doit énoncer son sexe, son âge apparent, les vêtements qu'elle portait, les marques particulières qu'elle pouvait avoir, les papiers et autres objets trouvés sur elle ou auprès d'elle, en un mot, toutes les circonstances propres à la faire reconnaître dans la suite ; mais, dans aucun cas, le genre de mort ne doit être mentionné, ainsi qu'on le verra plus loin, n° 251.

DES DÉCÈS DANS CERTAINS CAS PARTICULIERS.

Mort violente. — Exécution a mort. — Décès dans les hopitaux, prisons et maisons publiques. — Décès des militaires aux armées hors de France.

Mort violente.

246. On entend par mort violente : les meurtres, les assasinats, les empoisonnements, les duels suivis de mort, les suicides, les homicides involontaires résultant de maladresse ou d'imprudence, et mêmes les morts causées par des évènements fortuits.

247. Lorsqu'il y a signes ou indices de mort violente, ou d'autres circonstances qui donnent lieu de la soupçonner, on ne pourra faire l'inhumation qu'après qu'un *Officier de police,* assisté d'un Docteur en médecine ou en chirurgie, aura dressé procès-verbal de l'état du cadavre et des circonstances y relatives, ainsi que des renseignements qu'il aura pu recueillir sur les prénoms, nom, âge, profession, lieu de naissance et domicile de la personne décédée *(Code civil, article* 81 *).*

248. Les Officiers de police ayant le droit de dresser procès-verbal en pareille circonstance sont :

Les Maires ;

Les Procureurs du Roi ou leurs Substituts ;

Les Juges d'instruction ;

Les Juges de paix ;

Les Officiers de gendarmerie ;

Les Commissaires de police ;

Enfin les Préfets eux-mêmes, lorsqu'ils le jugent convenable. *(Articles 9 et 10 du Code d'instruction criminelle)*.

249. L'Officier de l'état-civil dresse, d'après les renseignements contenus au procès-verbal, l'acte de décès, dont il envoie copie à l'Officier de l'état-civil du domicile de la personne décédée, s'il est connu, et celui-ci l'inscrit sur ses registres *(Code civil, article 82)*.

250. Après cette transcription de l'acte de décès, le procès verbal, rédigé par l'Officier de police, doit être adressé **au** Procureur du Roi.

251. En cas de mort violente, il ne doit être fait aucune mention dans l'acte, du *genre de décès*, dont le souvenir, ainsi perpétué, serait pénible pour les familles *(Code civil, art. 83)*. Par le même motif, on ne doit pas annexer à l'acte, soit le procès-verbal d'après lequel il est rédigé, soit une copie.

EXÉCUTION A MORT.

252. En cas de mort, par suite de l'exécution d'un jugement portant condamnation à cette peine, le Greffier criminel doit envoyer à l'Officier de l'état-civil, pour la rédaction de l'acte, tous les renseignements indiqués ci-dessus, en parlant de décès dans les cas ordinaires *(Code civil, article 83)*.

253. Mais ici encore, on doit s'abstenir de mentionner le genre de mort, par le même motif que dans le cas de mort violente *(Code civil, article 83. — Voir* n° 251 *)*. Il faut même éviter d'indiquer dans l'acte, de quelle source sont parvenus les renseignements, cette indication pouvant mettre sur la voie du fait que la législature a voulu qu'on laissât ignorer.

MORTS ACCIDENTELLES DANS LES MINIÈRES ET CARRIÈRES.

254. Il est formellement prescrit aux Maires et autres Officiers de police *(article 28 du Décret du 3 janvier 1813)*, de se faire représenter les corps des ouvriers qui ont péri par accident dans une exploitation, et de ne permettre leur inhumation qu'après que le procès-verbal de l'accident a été dressé, conformément à ce qui a été dit au n° 247.

255. Toute personne qui aurait dissimulé un accident de ce genre, et n'aurait pas mis les Officiers de police à même de le constater, pourrait être punie d'un emprisonnement de trois mois à un an et d'une amende de 16 francs à 200 francs. *(Articles 259 et 260 du Code pénal).*

256. Quand il y a impossibilité de parvenir jusqu'au lieu où se trouvent les corps des ouvriers qui ont péri dans les travaux, les exploitants, directeurs ou leurs agents et représentants, sont tenus de faire constater cette circonstance par le Maire ou autres Fonctionnaires publics, qui en dressent procès-verbal et le transmettent au Procureur du Roi.

Sur les réquisitions de ce Magistrat, et sur l'autorisation du Tribunal, ce procès-verbal est annexé aux registres des décès, mais il ne peut être transcrit sur ces registres, pour tenir lieu d'acte de décès, qu'autant que ce Tribunal l'aurait ainsi ordonné *(Décret du 3 janvier 1813, articles 19 et 21).*

Morts dans les Hôpitaux, Prisons, etc.

257. En cas de décès dans les hôpitaux militaires ou civils, dépôt de mendicité, maison d'aliénés ou autres maisons publiques, c'est-à-dire prisons, couvents, colléges, etc. . . . Les Supérieurs, Directeurs, Administrateurs et Maîtres de ces maisons, sont tenus d'en donner avis, dans les *vingt-quatre heures*, à l'Officier de l'état-civil, qui s'y transporte pour s'assurer du décès, et en dresser acte d'après ce qui a été dit pour les décès ordinaires, sur les déclarations qui lui auront été faites et les renseignements qu'il aura pris *(Code civil, article* 80).

258. L'Officier de l'état-civil envoie l'acte de décès par l'intermédiaire du Sous-Préfet et du Préfet, à celui du dernier domicile de la personne décédée, lequel l'inscrit sur son registre *(Article* 80 *u Code ci d).*

Quand il s'agit de militaires morts dans les hôpitaux, l'Officier de l'état-civil envoie une double expédition de l'acte de décès au Ministre de la guerre, par l'intermédiaire de l'Intendant militaire; s'il s'agit d'un hôpital civil, et, s'il s'agit d'un hôpital militaire, par le Directeur de cet hôpital (*Arrêté des Consuls, du* 23 *Thermidor an VIII. Article* 485 *et Instruction du Ministre de la guerre du* 24 *brumaire an XII*).

259. En cas de décès dans une prison, maison de réclusion, maison d'aliénés, ou dépôt de mendicité, il faut éviter toute mention du lieu du décès, par le motif indiqué aux n°s 251 et 253 pour les morts violentes et les exécutions à mort (*Code civil, article* 85).

Décès des Militaires aux armées hors de France.

260. L'Officier ou Fonctionnaire chargé dans les corps des fonctions d'Officier de l'état-civil, doit adresser une expédition de l'acte de décès, dans les dix jours, à l'Officier de l'état-civil du dernier domicile du décédé (*Code civil, article* 96).

261. La même formalité est exigée pour les décès dans les hôpitaux militaires ambulants ou sédentaires (*Code civil, article* 97).

262. L'Officier de l'état-civil opère de suite la transcription sur les registres (*Code civil, article* 98).

Inhumations.

263. Aucune inhumation ne peut avoir lieu que sur une autorisation, sur papier libre et sans frais, de l'Officier de l'état-civil, qui ne pourra la délivrer qu'après *s'être transporté* auprès de la personne décédée, pour s'assurer du décès, et que vingt-quatre heures après le décès, *hors les cas prévus par les réglements de police* (*Article* 77 *du Code civil*).

264. L'inhumation peut être autorisée avant l'expiration des *vingt-quatre heures; dans les cas* dit la Loi, *prévus par les réglements de police.* Lorsqu'il n'existe pas de réglement, il faut, lorsque des inhumations promptes sont réclamées, soit dans les cas de maladie contagieuse ou de putréfaction du corps, soit dans d'autres cas, que l'Officier de l'état-civil fasse constater la nécessité d'inhumer par un médecin.

PEINES.

265. Si, hors des cas légitimes, un Officier de l'état-civil délivrait l'autorisation d'inhumer avant les vingt-quatre heures, il pourrait être condamné à un emprisonnement de six jours à deux mois, et à une amende de 16 à 50 fr. (*Code pénal, article* 358).

266. Les mêmes peines pourraient être appliquées aux Curés, Desservants ou Pasteurs qui feraient l'enlèvement du corps ou l'accompagneraient hors des églises ou des temples, sans qu'il leur soit justifié de l'autorisation d'inhumer.

LIEU DE SÉPULTURE.

267. L'inhumation doit se faire dans l'un des *Cimetières publics* de la commune dans laquelle le décès a eu lieu, sauf le cas d'exception mentionné aux nᵒˢ 269 et 270.

Aucune inhumation ne peut être faite dans les églises, temples, synagogues, hôpitaux, chapelles publiques et généralement dans aucun des édifices clos et fermés, où les citoyens se réunissent pour la célébration de leur culte, quand même ces édifices seraient hors de l'enceinte des villes et bourgs, et à quelque distance que ce soit.

Quand il est dérogé à cette règle, l'autorisation doit en être délivrée par le Ministre de l'intérieur sur la proposition du Préfet.

PEINES.

268. Les personnes qui font une inhumation ailleurs que dans le cimetière public, sans l'autorisation de l'Officier de l'état-civil, ou en contravention à sa défense, sont passibles des peines de police, portées par l'article 471 du Code pénal (*Décision de la Cour de cassation du* 14 *avril* 1838).

L'autorité civile peut en outre faire exhumer le corps et le faire transporter dans le cimetière public.

269. Chacun peut être enterré sur sa propriété, close ou non close, pourvu qu'elle soit hors de l'enceinte des villes et bourgs, et à plus de 40 mètres de distance de cette enceinte (*Décret du* 23 *prairial an* XII).

270. Dans ce cas, l'inhumation doit se faire avec toutes les précautions exigées par la salubrité et la décence, notamment à ce que la fosse ait la profondeur ordinaire, c'est-à-dire de 1^m,70, à 2 mètres.

ÉTATS DES DÉCÈS.

ENVOI AU RECEVEUR DE L'ENREGISTREMENT.

271. A la suite des décès, les Maires doivent envoyer dans les *quinze premiers jours* des mois de janvier, avril, juillet et octobre, aux Receveurs de l'enregistrement, les relevés par eux certifiés sur papier libre, des décès qui ont eu lieu dans leurs communes pendant le trimestre précédent *(Loi du 22 frimaire an VII. — Consulter l'instruction sur les devoirs des Maires, mois de janvier).*

ENVOI AU JUGE DE PAIX.

272. Ils doivent en outre, à peine de suspension de leurs fonctions, donner avis au Juge de paix du canton, s'il ne réside pas dans la commune, des décès de toute personne qui, à leur connaissance, laisse pour héritiers des pupilles, des mineurs ou des absents *(Arrêté du 22 prairial an V).*

273. Ils doivent également adresser au Juge de paix les actes de décès sur papier libre, de tout rentier viager ou pensionnaire de l'État, avec indication du montant de la rente ou pension *(Circulaire du 22 novembre 1814).*

ENVOI AU PRÉFET.

274. Ils doivent aussi donner, au Préfet, *dans les trois mois,* pour être communiqué au Ministre de l'intérieur, connaissance des décès des membres de la Légion-d'Honneur *(Circulaires du Ministre de l'intérieur des 22 janvier 1818 et 26 août 1820).*

275. Enfin, ils doivent envoyer au Préfet, pour être transmis, par l'intermédiaire des départements de l'intérieur et des affaires étrangères, aux différentes légations, les actes de décès de tous les étrangers qui meurent soit dans des maisons publiques, soit même dans les maisons particulières *(Circulaire du Sous-Secrétaire-d'État de l'intérieur, du 26 janvier 1836).*

CÉRÉMONIES RELIGIEUSES.

276. Les cérémonies religieuses des obsèques sont réglées par la famille, de concert avec les ministres du culte *(Décret du 23 prairial an XII, article 18)*.

Lorsque le Ministre d'un culte, pour quelque motif que ce soit, refuse son ministère à l'inhumation d'un corps, l'autorité civile (c'est-à-dire le Maire) d'office, ou sur la réquisition de la famille, doit commettre un autre ministre du même culte, pour remplir ses fonctions.

En cas de refus ultérieur, l'autorité civile est chargée de faire porter, présenter, déposer et inhumer le corps. *(Décret du 23 prairial an XII, article 19)*.

Mais là doit se borner l'intervention de l'autorité. Un Maire, un Adjoint ou tout autre délégué, excéderait ses devoirs et ses droits si, l'église se trouvant fermée au moment où il y ferait présenter le corps, il en faisait ouvrir l'entrée de vive force; ou s'il contraignait les personnes préposées au service de l'église ou du temple, à suivre le corps et à accomplir quelque cérémonie religieuse; ou s'il permettait à des individus, étrangers à l'exercice du culte, de revêtir les habits sacerdotaux, de porter les insignes religieux et d'accomplir les cérémonies du culte.

CHAPITRE 5.

CLOTURE ET DÉPOT DES REGISTRES.—TABLES ANNUELLES ET DÉCENNALES.

CLÔTURE DES REGISTRES. — DÉPÔT DES REGISTRES. — TABLES ANNUELLES. — TABLES DÉCENNALES. — DÉPLACEMENTS. — COMMUNICATIONS. — EXTRAITS. — DROITS D'EXPÉDITION. — RECTIFICATIONS DES ACTES.

CLÔTURE DES REGISTRES.

277. A la fin de chaque année, c'est-à-dire le **31** *décembre au soir*, l'Officier de l'état-civil arrête et clôt les registres. *(Code civil, article 43)*.

A cet effet, il est dressé un procès-verbal qui est porté immédiatement à la suite du dernier acte inscrit, et qui énonce le nombre des actes compris au registre. Une fois ce procès-verbal fait et inscrit, aucun acte ne peut plus être dressé sur le registre.

Cette mention a lieu ainsi : le présent registre des (*naissances, publications, mariages ou décès*), contenant (*énoncer en toutes lettres*) actes a été clos et arrêté par nous Maire de la Commune de...... remplissant les fonctions d'Officier de l'état-civil.

A......... le 1ᵉʳ janvier 18....

(Suit la signature.)

278. Quand bien même l'année entière se serait écoulée sans qu'il eut été porté un seul acte sur le registre, il n'en faudrait pas moins dresser le procès-verbal de clôture.

Dans ce cas, on se bornerait à cette mention : Nous, Officier de l'état-civil de la Commune de...... avons clos et arrêté le présent registre des (*naissances, publications, mariages ou décès*), sur lequel il n'a été inscrit aucun acte.

A......... le 1ᵉʳ janvier 18....

(Suit la signature.)

DÉPÔT DES REGISTRES.

279. Dans le mois qui suit la clôture, l'un des doubles des registres ou de chacun des registres, *s'il en a été tenu plusieurs*, doit être déposé au greffe du tribunal de première instance et l'autre reste conservé aux archives de la Commune (*Code civil, article 43.*)

280. Pour le registre des publications de mariage qui n'est pas tenu en double, l'exemplaire unique est déposé au greffe. Les pièces qui doivent rester annexées aux actes, et dont il a été parlé plus haut, sont déposées au greffe en même temps que le registre des publications.

281. Le dépôt pourrait être fait par envoi au Procureur du Roi, en plaçant sous bandes les registres et pièces, qui ainsi, parviendraient en franchises ; mais il est mieux de faire, autant que possible, ce dépôt en personne ou au moins par un intermédiaire sûr ; tant à cause de l'importance des registres, qui

autrement pourraient s'égarer, que parce qu'ainsi l'on peut retirer soi-même un reçu du Greffier, ce qui opère la décharge.

282. Il n'est rien dû à cet Officier public pour droit de dépôt (*Décision du Ministre des finances du 24 septembre 1808*).

283. Si le dépôt n'est par fait dans le mois de janvier, et que le Procureur du Roi n'ait pas accordé de délai, il doit poursuivre le Maire (*Ordonnance du 26 novembre 1823, et circulaire du Ministre de la justice du 31 décembre 1833*), et celui-ci peut être condamné à une amende qui ne peut excéder 500 fr. (*Code civil, article 50*).

Tables annuelles.

284. Après la fin de l'année, quand les registres et les feuilles supplémentaires ont été définitivement clôturés, on doit dresser des tables alphabétiques des actes contenus dans les registres et les feuilles supplémentaires des naissances, des mariages et des décès (*Décret du 20 juillet 1807, article 2*). — Il n'en est point exigé pour les registres des publications de mariage.

285. Ces tables doivent être faites sur papier timbré, certifiées et signées par l'Officier de l'état-civil (*Décret du 20 juillet 1807, article 4*).

286. Elles sont dressées sur le registre même et immédiatement à la suite du procès-verbal de clôture, ou bien, s'il ne reste plus de blanc, sur du papier détaché qu'on annexe ensuite au registre (*Décret du 20 juillet 1807, article 1er*).

287. Il doit y avoir une table particulière pour chaque espèce d'actes : 1° une table pour les naissances, reconnaissances et adoptions ; 2° une pour les mariages ; 3° et une pour les décès, et cela, alors même que tous les actes auraient été inscrits sur un seul registre (*Décret du 20 juillet 1807, article 10*).

288. Les tables doivent être faites chacune en *deux expéditions* : l'une pour être conservée avec l'un des doubles registres dans la commune, l'autre pour être envoyée avec l'autre double au greffe du tribunal (*Décret du 20 juillet 1807, article 2*).

289. Elles sont divisées en quatre colonnes, la première,

contient le folio du registre où se trouve l'acte; la deuxième le numéro sous lequel l'acte est inscrit au registre; la troisième le nom de famille de l'individu, suivi de ses prénoms; et la quatrième la date de l'acte. Exemple:

TABLE alphabétique des actes de naissance, reconnaissance et adoptions de la commune de   pour l'année 18

NUMÉRO DU FOLIO.	NUMÉRO DE L'ACTE.	NOMS ET PRÉNOMS DES PARTIES.	DATE DES ACTES.
4	12	Jeufret (Rodolphe).	1er mai.
16	36	Lachapelle (Eugénie).	26 décembre.

TABLE alphabétique des actes de mariage de la commune d pour l'année 18

NUMÉRO DU FOLIO.	NUMÉRO DE L'ACTE.	NOMS ET PRÉNOMS DES PARTIES.	DATE DES ACTES.
2	4	Baudet (Joseph-François). marié à Malardot (Hortense).	7 mai.
7	21	Job (Jean-Nicolas). marié à Glatigny (Virginie-Zélie)	11 mai.

TABLE alphabétique des actes de décès de la commune de pour l'année 18

NUMÉRO DU FOLIO.	NUMÉRO DE L'ACTE.	NOMS ET PRÉNOMS DES PARTIES.	DATE DES ACTES.
9	27	Faure (André-Michel).	19 juin.
17	59	Schwabe (Christian).	7 juillet.

Chacune de ces tables est terminée par la formule suivante :

Nous Officier de l'état-civil de la commune de..........
certifions exacte la présente table des...... contenant......
actes.

A.......... le.............. 18

(Suit la signature.)

Tables décennales.

290. Les tables annuelles doivent être fondues tous les dix ans dans une table décennale ; mais ce travail concerne exclusivement les greffiers des tribunaux. Une expédition de ces tables est envoyée à la commune et payée sur ses fonds *(Décret du 20 juillet 1807, articles 5 et 7.)*; une autre reste déposée au greffe et la troisième est déposée dans les archives de la Préfecture.

Déplacement des Registres. — Communications. — Extraits. — Droits d'expéditions.

Déplacement des Registres.

291. On a indiqué ci-dessus quelques cas exceptionnels, dans lesquels les registres de l'année suivante peuvent être déplacés de la Mairie pour être portés au domicile des personnes à l'occasion desquelles un acte doit être dressé. — Il est encore un cas où ils doivent être déplacés : c'est celui où pour le besoin d'un procès, les tribunaux en ordonnent l'apport à leurs greffes. *(Ordonnance du 18 août 1819, article 1er)*.

Le Maire doit, sur la signification qui lui est faite du jugement qui ordonne l'apport, se procurer de nouveaux registres, dans la quinzaine au plus tard. *(Même Ordonnance)*. — A cet effet, il transmet au greffe du tribunal, par l'intermédiaire du Procureur du Roi, le papier timbré néessaire pour le nouveau ou les nouveaux registres, qui sont destinés à recevoir les actes jusqu'à la fin de l'année courante.

— Les derniers registres sont clôs comme on l'a dit ci dessus.

292. Aussitôt que le Maire a reçu ces nouveaux registres, dùment paraphés par le Président du tribunal de 1re instance *et avant la quinzaine*, il clôt et arrête celui qu'il doit remettre au tribunal, et mentionne dans le procès-verbal de clôture la cause pour la quelle il est clos avant la fin de l'année. (*Ordonnance du 18 août 1819, article 2*). — Il dresse la table de ce registre dans les formes indiquées au n° 289.

293. Les frais des nouveaux registres, sont remboursés à la Commune, soit par la partie qui succombe, soit, si elle est insolvable, par le domaine. (*Ordonnance du 18 août 1819, article 4)*.

294. Les Maires doivent, autant que possible, apporter leurs registres en personne, au fonctionnaire désigné par l'arrêt, le jugement ou l'ordonnance, et il en est donné par lui récépissé. — Dans le cas où ils ne le pourraient, l'envoi doit en être fait, sous bandes croisées, à M. le Procureur du Roi, avec prière à ce magistrat d'en réclamer un récépissé qui est déposé ensuite dans les archives de la Mairie.

Communications des Registres.

295. Les registres ne doivent jamais être *déplacés* hors les cas dont il vient d'être parlé.

Les communications qui sont faites aux Agents du domaine, aux Juges de paix, Procureurs du Roi, etc., (*ainsi qu'il est dit aux* n°s 11, 12, 13, 14 *et* 15), ont lieu sans déplacement, **et** ainsi qu'il a été dit et qu'on le verra ci-après.

Copie, Expédition ou Extrait.

296. Copie, expédition ou extrait du registre des actes de l'état civil, telle est la diversité de dénomination que l'on donne à la reproduction d'un acte de l'état civil ; mais quelque soit cette dénomination, les expéditions, copies ou extraits, ne doivent jamais être que les *copies exactes et complètes* des actes eux-mêmes, l'Officier de l'état civil ne peut ni les abréger, ni les modifier. — Y eût-il dans l'acte *quelque irrégularité ou omission*, l'expédition n'en doit pas moins les reproduire avec la plus scrupuleuse exactitude, sans le rectifier ni le compléter.

On ne doit pas omettre non plus de rappeler les signatures, et d'indiquer les dates en toutes lettres et non en chiffres.

297. Toutefois, s'il existait une abréviation sur l'original, on *la reproduirait* sur la copie, mais on aura soin d'indiquer qu'on a *copié littéralement*.

298. Si un acte était resté *entièrement imparfait;* par exemple, si toutes les signatures y manquaient, celle de l'Officier de l'état-civil, comme celles des parties et des témoins, ou bien encore si, après avoir été rédigé, il avait été biffé, ou que l'on n'eut pas achevé de le rédiger, *et s'il n'y avait aucune mention en marge qui fit connaître qu'une décision du tribunal fut intervenue*, il ne pourrait en être délivré expédition qu'en vertu d'une ordonnance du Président du tribunal de première instance. (*Article* 841 *, Code de procédure*). — *Voir* n°s 300 *et* 318.

L'expédition délivrée, dans ce dernier cas, devrait énoncer toutes les imperfections matérielles que présenterait l'original.

299. Les expéditions des actes de l'état civil, comme celles des autres actes, ne doivent jamais être signées par les secrétaires de Mairie, qui n'ont aucun caractère public, *mais bien par les Maires, ou les Adjoints,* en cas d'absence. (*Avis du Conseil-d'Etat, du* 2 *juillet* 1807).

Dans ce dernier cas, l'expédition qui est signée par un Adjoint, ou par un Conseiller municipal délégué, ou procédant en l'absence ou en cas d'empêchement du Maire, doit mentionner la délégation, l'absence ou les autres causes d'empêchement. (*Instruction du Ministre de l'intérieur, du* 30 *juillet* 1807).

300. Quand il y a lieu de délivrer expédition d'un acte qui a été rectifié par jugement, cet acte ne peut plus être délivré qu'avec les rectifications ordonnées. (*Code de procédure, article* 857). C'est-à-dire en faisant mention du jugement de réformation, de sa date et de la nature de la rectification qu'il a ordonnée : autrement, le Maire pourrait être passible de dommages-intérêts. (*Code de procédure, article* 857).

301. Les expéditions, copies ou extraits sont intitulés, terminés et certifiés de la manière suivante :

Extrait du registre des . . . . . (naissances, publications, mariages ou décès) . . . . . *de la Commune de* . . . . . *pour l'année* . . . . .

Suit copie entière de l'acte et des annotations ou corrections inscrites à la marge.

Certifié le présent extrait conforme au registre, par nous, Maire et Officier de l'état-civil de la Commune de . . . . . ;

Ou, par nous Adjoint à la Mairie, remplissant les fonctions d'Officier de l'état civil de la Commune de . . . . . *en remplacement du Maire absent, (ou malade, ou empêché);*

Ou, par nous Adjoint à la Mairie, remplissant les fonctions d'Officier de l'état civil de la Commune de . . . . . . *par suite de la délégation du Maire, contenue dans l'arrêté du* . . . . . . (Voir le modèle au numéro 7).

Ou, par nous membre du Conseil municipal de la Commune de . . . . . *remplissant les fonctions d'Officier de l'état civil, en l'absence (ou en remplacement, ou à défaut) du Maire et des Adjoints.*

Droits d'Expéditions.

302. Il n'est rien dû pour la confection des actes et leurs inscriptions dans les registres. (*Décret du* 12 *juillet* 1807, *article* 4).

Mais il est dû des droits pour les expéditions qui en sont délivrées.

Ces droits se composent : 1° D'un droit perçu pour la Commune, et qui est réglé par le *Décret du* 12 *juillet* 1807 ; 2° Du remboursement du prix timbré du papier, *suivant la loi du* 28 *avril* 1816, *articles* 63 *et* 67

Il résulte de ces dispositions combinées que les droits d'expéditions sont réglés ainsi qu'il suit, non compris le droit d'enregistrement que l'Officier de l'état civil n'est pas appelé à percevoir, et dont pour ce motif on n'a point à parler :

1° *Dans les Communes au-dessous de 50,000 âmes.*

Pour chaque expédition d'un acte de publication de mariage....................	0ᶠ 30ᶜ	}	1ᶠ 55ᶜ
Pour remboursement du timbre..........	1 25		
Pour chaque expédition d'un acte de naissance ou de décès........................	0 30	}	1 55
Pour remboursement du timbre..........	1 25		
Pour chaque expédition d'un acte de mariage ou d'adoption........................	0 60	}	1 85
Pour remboursement du timbre..........	1 25		

2° *Dans les Communes de 50,000 âmes et au-dessus.*

Pour chaque expédition d'un acte de publication de mariage....................	0ᶠ 50ᶜ	}	1ᶠ 75ᶜ
Pour remboursement du timbre..........	1 25		
Pour chaque expédition d'un acte de naissance ou de décès........................	0 50	}	1 75
Pour remboursement du timbre..........	1 25		
Pour chaque expédition d'un acte de mariage ou d'adoption........................	1 »	}	2 25
Pour remboursement du timbre..........	1 25		

303. Les Maires, les Adjoints ni les Secrétaires des Mairies ne peuvent s'approprier les sommes payées pour la délivrance des expéditions ou extraits. Elles appartiennent à la Commune et doivent figurer au nombre des recettes ordinaires. (§ XI *de l'article* 31 *de la loi du* 18 *juillet* 1837).

304. Il est encore des actes qui sont délivrés par les Maires, non en copie, mais en originaux, tels que les certificats de non opposition au mariage et celui de célébration civile du mariage; ces actes donnent lieu, non pas à un droit d'expédition, mais simplement au remboursement du droit du timbre, qui est de 35 centimes. (*Décret du* 9 *décembre* 1810. — *Loi du* 28 *avril* 1816, *article* 62).

305. Les Maires, Adjoints, Membres du conseil municipal, Secrétaires de mairies, etc., ne peuvent exiger d'autres *taxes* *et droits,* à peine de *concussion.* (*Décret du* 12 *juillet* 1807, *article* 4).

306. Cette interdiction s'étend aussi au droit de recherche, dont l'usage s'était introduit dans plusieurs localités. (*Circulaire du Ministre de la justice, du* 10 *mars* 1813).

307. Le décret du 12 juillet 1807, qui contient les dispositions rappelées aux n°ˢ 302 et 306, doit être affiché en placard et en gros caractères dans chacun des bureaux du lieu où les déclarations relatives à l'état civil sont reçues et dans tous les dépôts des registres. (*Article* 5 *du décret*). En prescrivant cette mesure, le législateur a voulu prévenir plus efficacement toute erreur ou tout abus.

Seulement il faut indiquer, en addition dans le placard, l'augmentation du droit du timbre pour les actes de mariage, naissance et décès, que *la loi du* 28 *avril* 1816 a porté à 1 fr. 25 cent., au lieu de 0 fr. 83 cent., auxquels le fixait le décret.

308. *La loi du* 15 *mai* 1818, *article* 80, autorise les Maires à délivrer, sur papier libre, toutes les expéditions d'actes quelconques, nécessaires aux indigents.

VÉRIFICATION DES REGISTRES DE L'ÉTAT CIVIL.

309. On a vu aux n°ˢ 11, 12, 13 et 14 que les Procureurs du Roi vérifiaient chaque année les registres de l'état civil. — Cette vérification doit être faite dans les quatre premiers mois de chaque année. (*Ordonnance du* 26 *novembre* 1823*, art.* 1ᵉʳ), au moyen des registres déposés au greffe.

310. Après cette vérification, le Procureur du Roi dresse un procès-verbal conformément au modèle annexé à l'ordonnance précitée : il y indique d'abord les *contraventions matérielles à la tenue des registres,* il signale ensuite les contraventions générales et spéciales à la rédaction des actes, en désignant les actes défectueux par le numéro correspondant du registre dont ils font partie, et par l'indication des articles du Code civil dont les dispositions ont été violées. (*Même ordonnance, article* 1ᵉʳ*, et circulaire du Ministre de la justice, du* 31 *décembre* 1823).

311. Lorsque les registres sont déposés, ne contenant aucun acte, soit de naissance, soit de mariage, soit de, décès, le Procureur du Roi doit s'assurer si, en effet, il n'y a eu dans la Commune aucune naissance, aucun mariage ou aucun décès. Si tel est, en effet, le motif de l'absence d'actes, il le fait connaître; si, au contraire, c'était par négligence que ces actes n'eussent pas été inscrits, il devrait l'indiquer aussi. (*Circulaire du 31 décembre 1823*).

312. Si les registres sont reconnus bien tenus et tous les actes qu'ils renferment réguliers, le Procureur du Roi l'énonce dans son procès-verbal par ces mots: *Point de contravention* (*Circulaire du 31 décembre 1823*).

313. Après la vérification terminée, le Procureur du Roi adresse à chacun des Maires dont les registres ou les actes ont été trouvés irréguliers, des instructions spéciales sur les irrégularités commises par eux et sur les moyens de les éviter à l'avenir. Il envoie copie de ces instructions au Procureur général. (*Article 3 de la circulaire précitée*).

314. Les procès-verbaux de vérification doivent être envoyés également dans la première quinzaine du mois, aux Procureurs généraux, qui les transmettent avec leurs observations, au Garde des Sceaux. *Article 2 de la circulaire du 31 décembre*).

315. Afin que la vérification puisse être faite dans le délai indiqué plus haut, les Procureurs du Roi doivent veiller à ce que le dépôt des registres soit exactement fait dans le mois de janvier, conformément à l'article 43 du Code civil. — Ils avertissent, et en cas de retard, poursuivent les Maires qui n'ont pas déposé leurs registres. (*Article 4 de la circulaire du 31 décembre*).

316. Indépendamment de la vérification générale et annuelle dont nous venons de parler, les Procureurs du Roi peuvent se transporter dans les Communes et vérifier les registres de l'année courante, ou déléguer pour prendre ce soin, le Juge de paix du canton. (*Article 53 du Code civil et ordonnance du 26 novembre 1823*. — Ils doivent faire cette vérification accidentelle, lorsqu'ils sauront que les registres sont habituellement mal tenus, ou que, par le décès ou la démission d'un Maire, il deviendra nécessaire de constater l'état où il les aura laissés et les irrégularités qui s'y trouvent. Dans ce cas, les Maires sont tenus de communiquer, sans déplacement, leurs registres courants et les annexes, soit au Procureur du Roi, soit au Juge de paix délégué, ainsi qu'on l'a déjà vu au numéro 12.

317. Il est dressé également un procès-verbal de cette vérification accidentelle, dans les mêmes formes que pour la vérification annuelle.

RECTIFICATION DES ACTES DE L'ÉTAT-CIVIL. — MANIÈRE DE SUPPLÉER AUX REGISTRES, EN CAS D'ABSENCE OU DE PERTE.

RECTIFICATION DES ACTES.

318. Aussitôt qu'un acte est dressé et signé par toutes les parties, qu'il soit régulier ou irrégulier, complet ou incomplet, il n'appartient plus ni au fonctionnaire qui l'a dressé, ni aux parties qui l'ont provoqué, et aucune rectification n'y peut être faite, qu'en vertu d'un jugement du tribunal de 1re instance, rendu sur la demande des parties intéressées ou sur les conclusions du Procureur du Roi, lorsqu'il y a intérêt public, et dont il peut être appelé devant la Cour royale (*Avis du Conseil-d'État du 13 nivôse an X; et Code civil, article* 99), à l'exception toutefois des rectifications signalées par M. le Procureur du Roi. Il faut cependant remarquer encore ici, que s'il était commis dans l'acte, au moment même où on le rédige, ou même après sa rédaction ou après encore qu'il a été signé, *mais avant que les parties se soient retirées*, une erreur, une substitution, une transposition de noms, prénoms ou qualités, rien ne s'oppose à ce que la rectification s'en fasse à *l'instant même*; dans ce cas, il faut qu'elle soit approuvée par toutes les parties signant l'acte.

319. Quand il est intervenu une décision judiciaire de rectification, ainsi qu'on vient de le voir, elle est remise au Maire, soit par exploit d'huissier, soit simplement par la partie intéressée, il doit l'inscrire sur les registres et en faire mention

en marge de l'acte réformé (*Code civil, article* 101, *et Code de procédure civile, article* 857).

320. Si cette décision est un jugement de première instance rendu sans contradiction (*on peut en juger à la simple lecture*), le Maire l'inscrit sur le champ, à moins qu'il ne lui ait été signifié par huissier un exploit *d'appel*. — Si la décision, au contraire, avait été rendue dans une cause où il y eût un contradicteur, le Maire ne devrait en opérer l'inscription que sur le certificat de l'Avoué de la partie qui la requerrait, contenant la date de la signification du jugement faite au domicile de la partie condamnée, et sur l'attestation du Greffier, constatant qu'il n'existe contre le jugement ni opposition ni appel (*Code de procédure, article* 548).

321. Mais si c'est un arrêt de Cour royale, l'inscription doit avoir lieu sans délai, même nonobstant pourvoi en cassation, attendu que ce pourvoi ne suspend pas l'exécution.

COMMENT S'OPÈRENT LES RECTIFICATIONS.

322. Les rectifications s'opèrent sans que, dans aucun cas, l'on puisse toucher aux actes mêmes, les biffer, rectifier ou modifier.

323. Le Maire énonce que tel jour, il lui a été signifié par exploit d'huissier, ou remis par telle personne, expédition d'un jugement de tel tribunal, portant réformation d'un acte de l'état-civil ; qu'en conséquence il procède à l'inscription dudit jugement. — Il copie ensuite *textuellement le jugement sur les deux doubles registres de l'année courante, à la suite du dernier acte inscrit,* et à la date même où il reçoit le jugement, quelle que soit celle de l'acte réformé. A la fin de cette transcription, le Maire ajoute : certifié conforme à l'expédition qui a été remise ou qui est contenue dans l'exploit.

— Il conserve l'expédition ou l'exploit comme annexe du registre (*Voir les numéros* 52, 53 *et* 54).

324. Immédiatement après cette transcription, le Maire doit la mentionner *en marge de l'acte que le jugement réforme,* à

peu près en ces termes : *Cet acte a été réformé en ce que (faire mention de la nature de la rectification), par jugement transcrit à la date du   nº   . — Il fait mention aussi, en marge du jugement de réforme, de la date de l'acte auquel ce jugement se rattache.

325. On a vu plus haut, numéro **324**, que la mention du jugement devrait avoir lieu sur les deux *doubles registres ;* cette mention peut être facilement faite, s'il s'agit des registres de l'année courante, mais s'il s'agit de ceux des années précédentes, dont un seul double est à sa disposition, il doit envoyer copie de la dite mention du jugement au Procureur du Roi, qui veille à ce qu'elle soit portée sur le double déposé au Greffe.

327. S'il est arrivé que, lorsqu'un acte devant être dressé dans un certain délai de rigueur, les parties ou les déclarants ne se sont présentés qu'après ce délai, de sorte que l'acte n'a pu être dressé, il faut un jugement pour qu'il le soit après sa date ; et dans ce cas, le jugement en vertu duquel l'omission est réparée doit être transcrit comme un jugement de rectification, et la mention doit être faite, non pas en marge de l'acte, puisqu'il n'en existe pas, mais en marge du registre, à la date où cet acte eût dû être inscrit (*Avis du Conseil-d'Etat du 12 brumaire an XI*).

328. Enfin, il est encore un cas où il y a lieu de transcrire et de mentionner les jugements sur les registres de l'état-civil : c'est lorsque le gouvernement, d'après la Loi du 11 Germinal an **XI**, autorise une personne à changer son nom ou à en ajouter un autre au sien. Dans ce cas, la personne doit obtenir un jugement qui donne lieu aux mêmes formalités que ceux de la rectification.

329. Lorsqu'il est demandé expédition d'un acte de l'état-civil dont la rectification a été ordonnée, cette expédition ne peut être délivrée qu'avec la mention de la rectification prescrite (*Article 857 du Code de procédure civile. — Avis du Conseil d'Etat du 4 mars* 1808). Cette expédition doit contenir :

1° La copie littérale et exacte de l'acte tel qu'il a été pri-mitivement rédigé, et,

2° La copie également littérale de la mention de rectification telle qu'elle est portée à la marge de l'acte.

MANIÈRE DE SUPPLÉER AUX REGISTRES, EN CAS D'ABSENCE OU DE PERTE.

330. Lorsque l'un des doubles registres d'une Commune a été perdu, l'autre, qui subsiste, fournit encore toutes les ressources nécessaires pour l'authenticité des actes. Néanmoins, dans la crainte que celui-ci ne vienne aussi à se perdre, il en doit être fait une copie exacte sur un registre préalablement coté et paraphé par le Président du tribunal, et ensuite collationné par lui.—Mention doit être faite en tête de ce registre que ce n'est qu'une copie (*Circulaire du Ministre de la justice du 4 novembre 1814*).

331. Tant que l'ancien double existe, c'est de lui, et non de la copie, qu'il faut délivrer des extraits.

332. Si les deux doubles des registres sont perdus ou détruits en totalité ou en partie, ou s'il n'en a jamais existé, c'est à l'autorité administrative à prescrire les moyens d'y suppléer autant que possible.

FORMULES

DES

ACTES DE L'ÉTAT-CIVIL.

Observations importantes au sujet de tous les actes de l'État-civil.

On a déjà vu à la page 36 (n° 45), et on croit devoir le rappeler ici, qu'aux termes de l'article 84 du Code civil, la profession de chaque personne doit être énoncée dans les actes de l'état-civil, et que lorsqu'une personne n'exerce pas de profession, on doit l'indiquer formellement par ces mots : *Sans profession*, à moins toutefois qu'il ne s'agisse d'enfants en bas-âge.

Quand il y a lieu de mentionner la profession et le domicile d'une personne qui est antérieurement décédée, on doit toujours énoncer la dernière profession et le dernier domicile qu'elle avait *de son vivant*.

Les signatures doivent être apposées aussi près que possible du corps de l'acte.

N° 1er.

Déclaration de naissance d'un enfant légitime faite par le père.

L'an mil huit cent   le   *(quantième)* du mois de   à   heure   *(indiquer si c'est du matin, du soir ou à midi)*, pardevant nous *(prénoms et noms du fonctionnaire qui reçoit l'acte)* Maire *(si c'est l'Adjoint ou un Conseiller municipal, on dira :* Adjoint ou   Conseiller municipal, par suite de délégation, *ou de décès, ou d'absence ou d'empêchement du Maire, selon la cause du remplacement)* remplissant les fonctions d'Officier de l'état-civil de la Commune de   , canton de   , arrondissement d   , département de   ; a comparu **N**   *(prénoms, nom, âge, professions et domicile du père de l'enfant)*, lequel nous a déclaré que **N**   *(prénoms, nom, âge, profession et domicile de la mère)* son épouse, est accouchée en cette commune, aujourd'hui *(ou* hier *ou* avant-hier *)* ·   *(quantième du mois)* du présent mois *(ou du mois dernier)* à   heure du   *(matin ou* soir *ou* à midi *ou* à minuit*)*, dans la maison de lui déclarant *(si l'accouchement a eu lieu dans une autre maison, on indiquera cette maison)*, d'un enfant du sexe *(*masculin *ou* féminin*)* qu'il nous à présenté, et auquel il a donné le prénom *(ou les prénoms)* d   *(énoncer seulement les prénoms donnés à l'enfant, sans y ajouter le nom de famille du père)* : Lesquelles déclaration et présentation ont été faites en présence de **N** *(prénoms, nom, âge, profession et domicile du premier témoin* et de **N**   *(mêmes indications pour le second)*. De quoi nous avons aussitôt rédigé le présent acte : et après que nous leur en avons donné lecture, les comparant et témoins l'ont signé avec nous. *(si les comparant et témoins ne savent ou ne peuvent pas tous signer, on mettra après les mots :* donné lecture, *ceux-ci :* **N.**   **N.**   *(indiquer les noms de ceux qui doivent signer et dire pour chacun s'il est comparant ou témoin)* ont signé avec nous, et **N.**   **N.**   *(indiquer* *les noms de ceux qui ne signeront pas, et dire pour chacun s'il est comparant ou témoin*), ont déclaré ne savoir signer (*ou ne pouvoir signer, avec mention dans ce dernier cas et pour chacune de ces personnes, de la cause accidentelle qui l'empêche de signer*.

Suivent les Signatures.

N° II.

Déclaration de naissance d'un enfant naturel faite par celui qui s'en reconnait pére.

L'an mil huit cent   le   (*quantième*) du mois de   à   heure   (*indiquer si c'est du matin, du soir ou à midi*), pardevant nous (*prénoms et nom du fonctionnaire qui reçoit l'acte*), Maire (*si c'est l'Adjoint ou un Conseiller municipal, on dira :* Adjoint   ou Conseiller municipal, par suite de délégation, *ou* de décès, *ou* d'absence, *ou* d'empêchement du Maire, (*selon la cause du remplacement*), remplissant les fonctions d'Officier de l'état-civil de la Commune de   canton de   arrondissement de   département de   a comparu N.   (*prénoms, nom, âge, profession et domicile du père de l'enfant*), lequel nous a déclaré que N.   (*prénoms nom, âge profession et domicile de la mère*), est accouchée en cette commune, cejourd'hui, *ou* hier, *ou* avant-hier   (*quantième du mois*) du présent mois *ou* du mois dernier, à   heure du   (*matin ou* soir, *ou* à midi *ou* à minuit), dans la maison (*désigner la maison*), d'un enfant du sexe (*masculin ou féminin*) qu'il nous a présenté, et auquel il a donné le prénom (*ou* les prénoms) d   (*énoncer seulement les prénoms donnés à l'enfant*); le comparant nous a de plus déclaré qu'il se reconnaît père de cet enfant; lesquelles

déclaration et présentation ont été faites en présence de
N.   (*prénoms, nom, âge, profession et domicile du
premier témoin*), et de N.   (*même indication pour le
second*). De quoi nous avons aussitôt rédigé le présent acte;
et après que nous leur en avons donné lecture, les comparant
et témoins l'ont signé avec nous. (*si les comparant et témoins ne savent ou ne peuvent pas tous signer, on mettra après
les mots* : donné lecture, *ceux-ci* : N.   N.   (*indiquer les
noms de ceux qui doivent signer et dire pour chacun s'il est
comparant ou témoin*) ont signé avec nous, et N.   N.
(*indiquer les noms de ceux qui ne signeront pas et dire pour
chacun s'il est comparant ou témoin*) ont déclaré ne savoir
signer (*ou ne pouvoir signer, avec mention, dans ce dernier
cas, de la cause accidentelle qui l'empêche de signer.*

Suivent les signatures

———— —— ————

N° III.

**Déclaration de naissance faite par toute personne autre que le père,
mais présente à l'accouchement.**

L'an mil huit cent   le   (*quantième*) du
mois de   à   heure   (*indiquer
si c'est du matin, du soir ou à midi*), pardevant nous (*prénoms
et nom du fonctionnaire qui reçoit l'acte*) Maire (*si c'est
l'Adjoint ou un Conseiller municipal*, on dira :   Adjoint
ou   Conseiller municipal, par suite de délégation, *ou* de
décès, ou d'absence *ou* d'empêchement du Maire, *selon la cause
du remplacement*) remplissant les fonctions d'Officier de l'état-
civil de la commune de   , canton   ,
arrondissement d   , département d   ;
a comparu N   (*prénoms, nom, âge, profession*

et domicile du déclarant ou de la déclarante, si c'est une sage-femme), lequel *(ou* laquelle) nous a déclaré que N *(prénoms, nom, âge, profession et domicile de la mère de l'enfant; et si c'est une femme mariée, on ajoutera :* épouse *ou* veuve de N *(prénoms, nom, âge, profession et domicile de son mari)*, est accouchée en cette commune, dans son domicile *(ou* dans la maison de *(indiquer la maison)*, cejourd'hui *(ou* hier, *ou* avant hier) *(quantième du mois)* du présent mois *(ou* du mois dernier), à heure du (matin *ou* soir *ou* à midi *ou* à minuit), en la présence de lui déclarant *(ou* d'elle déclarante), d'un enfant du sexe (masculin *ou* féminin), qu'il *(ou* qu'elle) nous a présenté, et auquel il *(ou* elle) a donné le *(ou* les) prénoms de ; lesquelles déclaration et présentation ont été faites en présence de N. *(prénoms, nom, âge, profession et domicile du premier témoin)*, et de N. *(mêmes indications pour le second témoin)*. De quoi nous avons aussitôt rédigé ce présent acte: Et après que nous leur en avons donné lecture, les comparant et témoins l'ont signé avec nous, *(si les comparant et témoins ne savent ou ne peuvent pas tous signer, on mettra après les mots,* donné lecture, *ceux-ci :* N. N. *(indiquer les noms de ceux qui doivent signer et dire, pour chacun, s'il est comparant ou témoin)*, ont signé avec nous, et N. N. *(indiquer les noms de ceux qui ne signeront pas, et dire, pour chacun, s'il est comparant ou témoin)*, ont déclaré ne savoir signer *(ou* ne pouvoir signer, *avec mention, dans ce dernier cas, de la cause accidentelle qui l'empêche de signer.*

Suivent les signatures.

N° IV.

Déclaration de naissance faite par une personne non présente à l'accouchement, mais chez qui la mère est accouchée hors de son propre domicile.

L'an mil huit cent le *(quantième)* du mois de à heure *(indiquer si c'est*

du matin, du soir ou à midi), nous (*prénoms et nom du fonctionnaire qui reçoit l'acte*), Maire (*si c'est l'Adjoint ou un Conseiller municipal*, on dira : Adjoint ou Conseiller municipal, par suite de délégation, *ou* de décès, *ou* d'absence, *ou* d'empêchement du Maire, *selon la cause du remplacement*) remplissant les fonctions d'Officier de l'état civil de la Commune de   , canton d   , arrondissement de   département d   ; a comprau N.
(*prénoms, nom, âge, profession et domicile du déclarant ou de la déclarante, si c'est une sage-femme*), lequel (*ou* laquelle) nous a déclaré que N.   *(prénoms, nom, âge, profession et domicile de la mère de l'enfant) (et si c'est une femme mariée on ajoutera)*: épouse *ou* veuve de N.   *(prénoms, nom, âge, profession et domicile de son mari)* est accouchée en cette commune, hors de son domicile, dans la maison de lui déclarant, chez lequel elle se trouvait, ce jourd'hui (*ou* hier, *ou* avant-hier, le   (*quantième du mois*) du présent mois (*ou* du mois dernier), à   heure   du (matin *ou* soir *ou* à midi *ou* à minuit), en la présence de lui déclarant (*ou* d'elle déclarante), d'un enfant du sexe (masculin *ou* féminin), qu'il (*ou* qu'elle) nous a présenté et auquel il (*ou* elle) a donné le (ou les) prénoms de   ; lesquelles déclaration et présentation ont été faites en présence de N (*prénoms, nom, âge, profession et domicile du premier témoin*) et de N   (*mêmes indications pour le second*). De quoi nous avons aussitôt rédigé le présent acte ; et après que nous leur avons donné lecture, les comparant et témoins l'ont signé avec nous, (*si les comparant et témoins ne savent ou ne peuvent pas tous signer, on mettra après les mots* : donné lecture, *ceux-ci*: N   N   (*indiquer les noms de ceux qui doivent signer et dire, pour chacun, s'il est comparant ou témoin*) ont signé avec nous, et N.   N.   (*indiquer les noms de ceux qui ne signeront pas, et dire, pour chacun, s'il est comparant ou témoin*) ont déclaré ne savoir signer (*ou* ne pouvoir signer, *avec mention, dans ce dernier cas, de la cause accidentelle qui l'empêche de signer*).

Suivent les signatures.

N° V.

Déclaration d'acte de naissance fait par le père d'un enfant jumeau.

Nous donnons ici le modèle pour le cas le plus ordinaire, mais si la déclaration était faite par tout autre personne que le père, ou s'il y avait lieu de rédiger des actes pour un enfant naturel, on pourrait consulter les n°¹ 2, 3 et 4, et combiner ces modèles avec celui-ci.

L'an mil huit cent le (*quantième*) du mois de à heure (*indiquer si c'est du matin, du soir ou à midi*), pardevant nous (*prénoms et nom du fonctionnaire qui reçoit l'acte*), Maire (*si c'est l'Adjoint ou un Conseiller municipal, on dira :* Adjoint *ou* Conseiller municipal, par suite de délégation, *ou* de décès, *ou* d'absence *ou* d'empêchement du Maire, *(selon la cause du remplacement)*, remplissant les fonctions d'Officier de l'état-civil de la Commune de canton d arrondissement d

a comparu N. (*prénoms, nom, âge, profession et domicile du père de l'enfant*), lequel nous a déclaré que N. (*prénoms, nom, âge, profession et domicile de la mère*), son épouse est accouchée en cette commune, cejourd'hui (*ou* hier *ou* avant-hier) (*quantième du mois*) du présent mois (*ou du mois dernier*) à heure du (matin *ou* soir, *ou* à midi *ou* à minuit), dans la maison de lui déclarant (*si l'accouchement a eu lieu dans une autre maison, on indiquera cette maison*), d'un enfant du sexe (masculin *ou* féminin) qu'il nous a présenté, et auquel il a donné le prénom (*ou* les prénoms), de (*énoncer seulement les prénoms donnés à l'enfant sans y ajouter le nom de famille du père*), ajoutant que cet enfant est né jumeau et sorti le (*indiquer s'il est sorti le premier, le second, etc.*), du sein de sa mère : lesquelles déclaration et présentation ont été faites en présence de N. (*prénoms, nom, âge, profession et domicile du premier témoin*) et de N. (*mêmes indications pour le second*). De quoi nous avons aussitôt rédigé le présent acte, et après que nous leur en avons donné lecture, les comparant et témoins l'ont signé avec nous, (*si les comparant et témoins* *ne savent ou ne peuvent pas tous signer*, on mettra après les mots : donné lecture, *ceux-ci :* N.   N.   (*indiquer les noms de ceux qui doivent signer et dire, pour chacun, s'il est comparant ou témoin*), ont signé avec nous, et N.   N. (*indiquer les noms de ceux qui ne signeront pas, et dire, pour chacun, s'il est comparant ou témoin*) ont déclaré ne savoir signer (*ou ne pouvoir signer, avec mention, dans ce dernier cas, de la cause accidentelle qui l'empêche de signer*). (*)

Suivent les signatures.

N° VI.

Déclaration faite au sujet d'un enfant trouvé.

Formule du procès-verbal.

L'an mil huit cent   le   (*quantième*) du mois de   à   heure   (*indiquer si c'est du matin, du soir ou à midi*), pardevant nous   (*prénoms et nom du fonctionnaire qui reçoit l'acte*) Maire (*si c'est l'Adjoint ou un Conseiller municipal, on dira :* Adjoint   ou   Conseiller municipal, par suite de délégation, *ou* de décès, *ou* d'absence, *ou* d'empêchement du Maire, *selon la cause du remplacement*) remplissant les fonctions d'Officier de l'état civil de la Commune de   , canton d   , arrondissement d   département d   ; a comparu N. (*prénoms, nom, âge, profession et domicile*), lequel nous a déclaré que le   (*quantième*) du présent mois (*ou du

---

(*) Dans cette hypothèse, l'acte de naissance de l'autre ou des autres jumeaux serait absolument semblable à celui qui précède, sauf les changements de prénoms et l'énonciation de l'ordre dans lequel il est venu au monde. — Il serait bon que l'on indiquât, s'il y avait eu un intervalle de temps un peu remarquable entre la naissance de l'un et de l'autre, l'heure (*et les fractions d'heure*) à laquelle chacun a vu le jour.

mois dernier) mil huit cent   à   heure
(*indiquer exactement l'heure et dire si c'est du matin ou du soir*), étant seul (*ou* en compagnie de   *désigner les prénoms, noms, âges, professions et domiciles de ceux qui étaient présents*), il (*ou* elle) a trouvé dans la rue (*ou* sur le chemin, ou sur un terrain) (*désigner avec exactitude le nom de la rue, ou du chemin, ou du terrain*), un enfant tel qu' (il *ou* elle) nous le présente emmailloté *ou* vêtu de   (*détailler les vêtements*) et de linge marqué des lettres   (*ou* des chiffres) (*s'il n'avait point de vêtements il faudrait l'énoncer également*). Après avoir visité l'enfant, nous avons reconnu qu'il était du sexe (masculin *ou* féminin), qu'il paraissait âgé de   (*désigner l'âge apparent, vérifier si l'enfant a quelques marques sur le corps, ou s'il se trouve dans ses vêtements quelque écrit ou marque destinés à le faire reconnaître; dans ce cas, désigner ce qu'on y a trouvé, ou exprimer qu'on n'y a rien trouvé*): de suite avons inscrit l'enfant sous les prénoms de   et avons ordonné qu'il fût remis à (*indiquer l'autorité civile à laquelle il a été remis*). Laquelle déclaration a été faite en présence de N.   (*prénoms, nom, âge, profession et domicile du premier témoin*), et de N.   (*mêmes indications pour le second*). De quoi nous avons aussitôt rédigé le présent acte; et après que nous leur en avons donné lecture, les comparant et témoins l'ont signé avec nous, (*si les comparant et témoins ne savent ou ne peuvent pas tous signer, on mettra après les mots : donné lecture, ceux-ci:* N.   N.   *(indiquer les noms de ceux qui doivent signer et dire, pour chacun, s'il est comparant ou témoin)* ont signé avec nous, et N.   N.   *(indiquer les noms de ceux qui ne signeront pas, et dire, pour chacun, s'il est comparant ou témoin)* ont déclaré ne savoir signer (*ou* ne pouvoir signer, *avec mention, dans ce dernier cas, de la cause accidentelle qui l'empêche de signer*).

Suivent les signatures.

N° VII.

Reconnaissance d'enfant faite par le père ou la mère après l'inscription de l'enfant sur les registres des actes de l'état civil.

L'an mil huit cent   le   (*quantième*) du mois de   à   heure   (*indiquer si c'est du matin, du soir ou à midi*), pardevant nous (*prénoms et nom du fonctionnaire qui reçoit l'acte*) Maire (*si c'est l'Adjoint ou un Conseiller municipal, on dira :* Adjoint   *ou*   Conseiller municipal, par suite de délégation, *ou* de décès, *ou* d'absence, *ou* d'empêchement du Maire, *selon la cause du remplacement*), remplissant les fonctions d'Officier de l'état civil de la Commune de   , canton de   , arrondissement de   , département de   ; a comparu N   (*prénoms, nom, âge, profession et domicile du père ou de la mère*), lequel (*ou* laquelle) nous a déclaré qu' (il *ou* elle) se reconnaît (père *ou* mère) d'un enfant du sexe   (masculin *ou* féminin), inscrit le   (*indiquer la date de l'acte de naissance de cet enfant*) sur les registres de   (cette commune, *si la naissance de l'enfant a été inscrite dans la commune même ou la reconnaissance est faite,* (*ou* la commune de)   , canton de   , arrondissement de   , département de   ; laquelle déclaration a été faite en présence de N   (*prénoms, nom, âge, profession et domicile du premier témoin*) et de N   (*mêmes indications pour le second témoin*). De quoi nous avons aussitôt rédigé le présent acte ; et après que nous leur en avons donné lecture, les comparant et témoins l'ont signé avec nous (*si les comparant ou témoins ne savent ou ne peuvent pas tous signer, on mettra après les mots :* donné lecture, ceux-ci : N.   N.   (*indiquer les noms de ceux qui doivent signer et dire, pour chacun, s'il est comparant ou témoin*), ont signé avec nous ; et N.   N.   (*indiquer les noms de ceux qui ne signeront pas et dire, pour chacun, s'il est comparant ou témoin*) ont déclaré ne savoir signer (*ou ne pouvoir signer, avec mention, dans ce dernier cas, de la cause accidentelle qui l'empêche de signer*).

Suivent les signatures.

N° VIII.

Reconnaissance d'enfant faite par le père et la mère conjointement.

L'an mil huit cent   le   (*quantième*) du mois de   à   heure (*indiquer si c'est du matin, du soir, ou à midi*), pardevant nous (*prénoms et nom du fonctionnaire qui reçoit l'acte*), Maire, (*si c'est l'Adjoint ou un Conseiller municipal*), on dira : Adjoint   ou   Conseiller municipal, par suite de délégation, *ou* de décès, *ou* d'absence *ou* d'empêchement du Maire, *selon la cause du remplacement*), remplissant les fonctions d'Officier de l'état civil de la Commune de   , canton d   , arrondissement de   , département d   ; ont comparu N.   (*prénoms, nom, âge, profession et domicile du père de l'enfant*) et N.   (*prénoms, nom, âge, profession et domicile de la mère*), lesquels nous ont déclaré qu'ils se reconnaissaient père et mère d'un enfant du sexe (*masculin* ou *féminin*), inscrit le (*date de l'acte de naissance de cet enfant*) sur les registres de cette commune   (*ou* de la commune de   , canton d   , arrondissement de   , département d   , *si la naissance de l'enfant n'a pas été inscrite dans la commune même où la reconnaissance est faite*). Lesquelles déclarations ont été faites en présence de N.   (*prénoms, nom, âge, profession et domicile du premier témoin*), et de N.   (*mêmes indications pour le second témoin*). De quoi nous avons aussitôt rédigé le présent acte ; et après que nous leur en avons donné lecture, les comparants et témoins l'ont signé avec nous (*si tous les comparants et témoins ne savent ou ne peuvent pas tous signer, on mettra après les mots :* donné lecture, *ceux-ci :* N.   N.   (*indiquer les noms de ceux qui doivent signer et dire, pour chacun, s'il est comparant ou témoin*) ont signé avec nous, et N.   N.   (*indiquer les noms de ceux qui ne signeront pas et dire, pour chacun, s'il est comparant ou témoin*) ont déclaré ne savoir signer (*ou ne pouvoir signer, avec mention, dans ce dernier cas, de la cause accidentelle qui l'empêche de signer*.

Suivent les signatures.

N° IX.

Déclaration de naissance d'un enfant naturel, faite par un fondé de procuration du père.

L'an mil huit cent   le   (*quantième*) du mois de   à   heure   (*indiquer si c'est du matin, du soir ou à midi*), pardevant nous (*prénoms et nom du fonctionnaire qui reçoit l'acte*) Maire (*si c'est l'Adjoint ou un Conseiller municipal, on dira :* Adjoint   ou   Conseiller municipal, par suite de délégation, *ou* de décès, *ou* d'absence, *ou* d'empêchement du Maire, *selon la cause du remplacement*), remplissant les fonctions d'Officier de l'état civil de la Commune de   , canton de   , arrondissement de   , département de   , a comparu N   (*prénoms, nom, âge, profession et domicile du déclarant ou de la déclarante*), lequel (*ou* laquelle), en vertu de la procuration spéciale et authentique qui est ci-annexée, nous a déclaré que N   (*prénoms, nom, âge, profession et domicile de la mère de l'enfant*) est accouchée en cette commune, dans son domicile (*ou* dans la maison de   *indiquer la maison*) cejourd'hui   (*ou* hier, *ou* avant-hier) (*quantième du mois*) du présent mois (*ou* du mois dernier), à   heure du   (matin, *ou* soir, *ou* à midi, *ou* à minuit), d'un enfant du sexe (masculin *ou* féminin), qu' (il *ou* qu'elle) nous a présenté, et auquel il (*ou* elle) a donné le (*ou* les) prénoms de   ; déclarant, en outre, que N. (*prénoms, nom, âge, profession et domicile du père*) son mandant se reconnaît père de cet enfant ; lesquelles déclaration et présentation ont été faites en présence de N. (*prénoms, nom, âge, profession et domicile du premier témoin*), et de N (*mêmes indications pour le second*). De quoi nous avons aussitôt dressé le présent acte ; et après que nous leur en avons donné lecture, les comparant et témoins l'ont signé avec nous, (*si les comparant ou témoins ne savent ou ne peuvent pas tous signer, on mettra après les mots :* donné lecture, *ceux-ci :* N.   N.   (*indiquer les noms de ceux qui doivent signer et dire, pour chacun, s'il est comparant ou témoin*) ont signé avec nous, et N.   N.   *(indiquer les noms de ceux qui ne signeront pas et dire, pour chacun, s'il est comparant ou témoin)* ont déclaré ne savoir signer (*ou* ne pouvoir signer), *avec mention, dans ce dernier cas, de la cause accidentelle qui l'empêche de signer*.

Suivent les signatures.

N° X.

Transcription d'une reconnaissance faite devant notaire.

L'an mil huit cent   le   *(quantième)* du mois de   à   heure *(indiquer si c'est du matin, du soir ou à midi)*, pardevant nous *(prénoms et nom du fonctionnaire qui reçoit l'acte)*, Maire *(si c'est l'Adjoint ou un Conseiller municipal)*, on dira : Adjoint   *ou*   Conseiller municipal, par suite de délégation,   *ou*   de décès,   *ou*   d'absence   *ou*   d'empêchement du Maire, *(selon la cause du remplacement)*, remplissant les fonctions d'Officier de l'état civil de la Commune de   , canton d   , arrondissement d   , département d   ; a comparu N.   *(indiquer les prénoms, nom, âge, qualité, domicile du comparant)*, lequel nous a remis et requis de transcrire sur le présent registre une expédition de l'acte passé devant M°   notaire à   département de   , par lequel le sieur *(indiquer les prénoms, nom, âge, qualité et domicile)*, s'est reconnu père d'un enfant du sexe *(indiquer si c'est masculin ou féminin)*, dont N. *(nom, prénoms, âge, profession et domicile de la mère)*, est accouchée le   de l'année   , et qui a été inscrit à la date du   suivant, sur les registres de l'état-civil de la commune de   sous les prénoms de   , comme né d'elle

14

et d'un père inconnu. Nous, Officier de l'état-civil, faisant droit à cette réquisition, avons transcrit ledit acte, dont suit la teneur :

(Copier ici en entier l'expédition de l'acte.)

De cette transcription et de la réquisition qui nous a été faite, nous avons dressé le présent acte, dont nous avons donné lecture au comparant, et que nous avons signé avec lui, *(si il ne sait ou ne peut signer, on mettra après les mots :* donné lecture, *ceux-ci :* N. *(indiquer le nom du comparant)* comparant a déclaré ne savoir signer, *ou* ne pouvoir signer, *avec mention, dans ce dernier cas, de la cause accidentelle qui l'empêche de signer)*.

(Suivent les signatures.)

N° XI.

Transcription d'adoption.

L'an mil huit cent   le   *(quantième)* du mois de   à   heure   *(si c'est du matin, du soir ou à midi)*, par-devant nous *(prénoms et nom du fonctionnaire qui reçoit l'acte)* Maire *(si c'est un Adjoint ou un Conseiller municipal)*, on dira : Adjoint   *ou*   Conseiller municipal, par suite de délégation, *ou* de décès, *ou* d'absence, *ou* d'empêchement du Maire, *(selon la cause du remplacement)*, remplissant les fonctions d'Officier de l'état-civil de la Commune de   , canton de   , arrondissement de   , département de   ; a comparu N... *(prénoms, nom, âge, domicile du comparant)*, lequel nous a remis : 1° expédition de l'acte passé le   devant le Juge de paix du canton de   par lequel le sieur *(prénoms, nom, âge, qualité, domicile)*, a déclaré adopter le

sieur *(prénoms, nom)* qui a déclaré accepter cette adoption;
2° une expédition de l'arrêt rendu le   par la cour
royale de   portant confirmation du jugement rendu,
le   par le tribunal de 1re instance de l'arrondissement
de   et déclarant qu'il y a lieu à cette adoption; et il nous
a requis d'en faire l'inscription conformément à l'article 359
du Code civil. Nous, Officier de l'état-civil, faisant droit à
cette réquisition, avons immédiatement procédé à l'inscription
des actes sus-énoncés, dont la teneur suit :

*(Copier ici en entier l'acte d'adoption et l'arrêt confirmatif,
et terminer ainsi)*:

De cette inscription nous avons dressé le présent acte, dont
nous avons donné lecture au comparant, et que nous avons
signé avec lui. *(si le comparant ne sait ou ne peut pas signer,
il en sera fait mention de la même manière que dans l'acte
précédent.)*

(Suivent les signatures).

N° XII.

Formule des publications de mariage entre majeurs ou mineurs.

L'an mil huit cent   le dimanche   *(énoncer
le quantième du mois)* du mois de   à   heure du
(matin *ou* soir *ou* à midi. —*Le plus ordinairement c'est à cette
dernière heure)*, nous   *(prénoms, nom du fonctionnaire qui reçoit l'acte)*, Maire *(si c'est l'Adjoint ou un Conseiller municipal), on dira:* Adjoint   *ou*   Conseiller municipal, par suite de délégation,   *ou*   de décès,   *ou*

d'absence *ou* d'empêchement du Maire, (*selon la cause du remplacement*), remplissant les fonctions d'Officier de l'état-civil de la Commune d   , canton de   , arrondissement de   ; avons publié pour la première fois, *ou* pour la seconde fois, (*s'il s'agit d'une seconde publication*), devant la porte principale de la maison commune, qu'il y a promesse de mariage entre N.   (*prénoms, nom, âge, profession et domicile du futur*), majeur quant au mariage (*s'il a plus de* 25 *ans*), *ou* mineur quant au mariage (*s'il a de* 21 *à* 25 *ans*), *ou* mineur (*s'il a moins de* 21 *ans*), fils de N.... (*prénoms, nom, âge, profession et domicile du père du futur*), et de N... (*prénoms, nom, âge, profession et domicile de sa mère*) d'une part; et N... (*prénoms, nom, âge, profession et domicile de la future*) majeure (*si elle a plus de* 21 *ans*) *ou* mineure (*si elle a moins*), fille de N.... (*prénoms, nom, âge, profession et domicile du père de la future*) et de N... (*prénoms, nom, âge, profession et domicile de sa mère*), d'autre part. De laquelle publication nous avons aussitôt dressé le présent acte, dont un extrait a été affiché à la porte de la maison commune. *S'il n'y a pas dans la localité de maison commune, on énoncera qu'un extrait a été affiché devant telle ou telle maison (qu'on indiquera) tenant lieu de maison commune.*

(Suit la signature du Maire)

N° XIII.

Extrait de l'acte de publication de mariage, à afficher à la porte de la maison commune.

Extrait du registre des publications de mariage.

Première publication *ou* Deuxième publication.

Il y a promesse de mariage entre   (*prénoms, nom, âge, profession et demeure*), majeur quant au mariage *(s'il a plus de 25 ans, ou* mineur, quant au mariage, *(s'il a de 21 ans à 25 ans non révolus, ou enfin* mineur *s'il a moins de 21 ans)*, fils de   (*prénoms, nom, âge, profession et demeure de ses père et mère*); et   (*prénoms, nom, âge, profession et demeure de la future*), majeure (*si elle a plus de 21 ans, ou mineure, si elle a moins*), fille de -   (*prénoms, nom, âge, profession et domicile des père et mère*).

Le maire de

(Suit sa signature).

———

N° XIV.

Mention d'opposition au mariage.

NOTA. — Cette mention est faite sur le registre des publications.

L'an mil huit cent   le   à   heure   (*du matin, du soir ou à midi*), pardevant nous   (*indiquer la qualité du fonctionnaire ainsi qu'on le fait pour les autres actes*) s'est présenté N.   (*nom de l'huissier*), huissier à   , lequel nous a remis un exploit en date du   fait à la requête de (*prénoms, noms, professions et domiciles des opposants*) ayant pour objet de s'opposer à la célébration du mariage projeté entre (*noms, prénoms, professions et domiciles des parties qui ont l'intention de contracter mariage*).

La présente mention sommaire faite par nous N.
Officier de l'état-civil, en conformité de l'article 67 du Code civil les jour, mois et an ci-dessus.

(Suit la signature du Maire).

N° XV.

Visa au bas de l'original d'un acte d'opposition au mariage.

Vu par nous soussigné, Officier de l'état-civil de la Commune de   en conformité de l'article 56 du Code civil, le présent original d'exploit, d'opposition qui m'a été signifiée cejour-d'hui   à   heure   (*du matin, du soir ou à midi*), et dont copie m'a été laissée.

(Suit la signature de l'Officier de l'état-civil).

N° XVI.

Mention de la main-levée de l'opposition obtenue soit par un acte notarié, soit par un jugement, et qui doit être faite en marge de l'inscription de l'opposition.

Par un acte reçu, pardevant N   notaire à   ou par jugement rendu par le tribunal civil de   sous la date du   il a été donné main-levée de l'opposition formée par exploit de   huissier à   par (*noms, prénoms, professions et domiciles des opposants*) au mariage projeté entre (*noms, prénoms, professions et domiciles des futurs contractants*).

La présente mention sommaire faite par nous Officier de l'état-civil, conformément à *l'article* 67 *du Code civil*, à   heure de   dont acte.

(Signature.)

N° XVII.

Prononciation du mariage.

M. Charles N.   vous déclarez prendre pour votre légitime épouse, Mlle Caroline M.

Réponse : Oui monsieur.

M^ll^ Caroline M.   vous déclarez prendre pour votre
légitime époux, M. Charles N.

Réponse : Oui monsieur.

D'après votre consentement mutuel, je déclare, au nom de
la loi, que vous êtes *unis par le mariage* (*).

OBSERVATIONS IMPORTANTES AU SUJET DES ACTES DE MARIAGE.

Les enfants naturels ne peuvent être légitimés par le mariage *subséquent* de leur père et mère, si ces derniers ne les
ont pas légalement reconnus *avant leur mariage*, ou s'ils *ne
les reconnaissent pas dans l'acte même de célébration.*

Il est donc fort important d'empêcher que, par suite d'une
omission de reconnaissance préalable, ces enfants soient privés
du bienfait de la légitimation. Si l'Officier de l'état-civil avait
dans certains cas, des raisons de supposer qu'un avis à cet
égard serait opportun à donner aux parents, il devra le faire
avec toute la réserve convenable, et bien entendu *avant le
moment même où l'acte de mariage est publiquement dressé.*

N° XVIII.

**Formule de l'acte de mariage, entre majeurs ou mineurs, dont les père
et mère sont présents et consentents.**

(Voir les observations page 93 et page 111.)

L'an mil huit cent   le   (*quantième*)
du mois de   à   heure   (*indiquer si c'est
du matin, du soir ou à midi*), pardevant nous (*prénoms et*

(*) Ces paroles étant celles-mêmes de *l'article 75 du Code civil*, elles
doivent être employées à l'exclusion de toutes autres.

nom du fonctionnaire qui reçoit l'acte), Maire (*si c'est l'Adjoint ou un Conseiller municipal, on dira*): Adjoint   *ou* Conseiller municipal, par suite de délégation,   *ou*   de décès,   *ou*   d'absence   *ou*   d'empêchement du Maire, (*selon la cause du remplacement*) remplissant les fonctions d'Officier de l'état-civil de la Commune de   , canton de   , arrondissement de   , département de   ; ont comparu publiquement dans la maison commune, (*s'il n'y a pas de maison commune, on indiquera dans quelle maison la célébration a lieu, en ajoutant*) : tenant lieu de maison commune, et dont les portes sont restées ouvertes; N.   (*prénoms, nom, profession du futur*), né le   (*date de la naissance*), à   (*lieu de la naissance*), domicilié à   (*lieu du domicile du futur*), majeur quant au mariage (*s'il a plus de 25 ans*), ou mineur quant au mariage (*s'il a de 21 ans à 25 ans non accomplis*), ou mineur (*s'il a moins de 21 ans*), fils de N.   (*prénoms, nom, âge, profession et domicile du père du futur*), et de N.   (*prénoms, nom, âge, profession et domicile de la mère*), tous deux ici présents et consentants, d'une part; et N.   (*prénoms, nom, profession de la future*), née le   (*date de la naissance*), à   (*lieu de la naissance*), domiciliée à   (*lieu du domicile de la future*), majeure (*si elle a plus de 21 ans*), ou mineure (*si elle a moins*), fille de N.   (*prénoms, nom, âge, profession et domicile du père de la future*), et de N.   (*prénoms, nom, âge, profession et domicile de sa mère*), tous deux ici présents et consentants, d'autre part; lesquels nous ont requis de procéder à la célébration du mariage projeté entre eux, et dont les publications ont été faites en notre Commune les   (*indiquer les jours, mois et an de chacune des deux publications*), (*et dans le cas ou il aurait été fait des publications dans d'autres Communes, on l'indiquera de cette manière*) : et dans la Commune *ou* les Communes de   (*indiquer les noms*) les mêmes jours, mois et an, (*ou bien si ce ne sont pas les mêmes jours*), les   (*quantième*) du

mois *ou des mois de*   dix-huit cent
sans qu'aucune opposition nous ait été signifiée (*s'il a été fait
des publications dans d'autres communes*), on ajoutera ces mots :
non plus qu'à l'Officier de l'état-civil de la (*ou des*) commune
susdite   ainsi qu'il résulte du (*ou des*)   certificat, en date
de   (*indiquer exactement les dates*). Nous nous sommes fait
remettre les actes de naissance des futurs époux, lesquelles
pièces, régulièrement légalisées (*les extraits pris dans la
Commune même de la célébration, n'ont pas besoin d'être revêtus de cette formalité*), et dûment paraphées par nous et par
la partie produisante, demeurent annexées au présent acte.
Après avoir fait lecture aux parties de ces actes, et du chapitre
six du titre du mariage au Code civil, nous avons demandé au
futur époux et à la future épouse, s'ils veulent se prendre
pour mari et pour femme; et, chacun d'eux ayant répondu
séparément et affirmativement, nous déclarons, au nom de
la loi, que N.   (*prénoms et nom du futur*) et N.
(*prénoms et nom de la future*), sont unis par le mariage. De
quoi nous avons sur-le-champ dressé acte, en présence de
N.   (*prénoms, nom, âge, profession et domicile du premier
témoin*), qui a déclaré être   (*indiquer la qualité de parent
ou d'allié de ce témoin, avec les époux ou l'un d'eux, de quel
côté, paternel ou maternel, et à quel degré; et si le témoin n'est
ni parent, ni allié d'aucun des époux, on dira :* qui a déclaré
n'être parent, ni allié des époux); de N.   (*mêmes énonciations pour le 2e témoin*); de N.   (*de même pour le 3e*);
et de N.   (*de même enfin pour le quatrième*). Et après
que nous leur en avons donné lecture, les comparants et témoins l'ont signé avec nous. (*si les comparants et témoins ne
savent ou ne peuvent pas tous signer, on mettra après les mots:*)
donné lecture, *ceux-ci :* N.   N.   (*indiquer les noms de
ceux qui doivent signer et dire, pour chacun, s'il est comparant
ou témoin*), ont signé avec nous, et N.   N.   (*indiquer les
noms de ceux qui ne signeront pas, et dire, pour chacun, s'il
est comparant ou témoin*) ont déclaré ne savoir signer (*ou ne*

pouvoir signer, *avec mention, dans ce dernier cas, de la cause accidentelle qui l'empêche de signer*).

(Suivent les signatures.)

Nº XIX.

Formule de l'acte de mariage entre majeurs ou mineurs, dont les pères consentent et les mères ne consentent pas.

Voir les observations pages 93 et 111.

L'an mil huit cent   le   (*quantième*) du mois de   à   heure   (*indiquer si c'est du matin, du soir ou à midi*), pardevant nous (*prénoms et nom du fonctionnaire qui reçoit l'acte*) Maire (*si c'est l'Adjoint ou un Conseiller municipal, on dira :* Adjoint   *ou*   Conseiller municipal, par suite de délégation, *ou* de décès, *ou* d'absence, *ou* d'empêchement du Maire, *selon la cause du remplacement*, remplissant les fonctions d'Officier de l'état-civil de la Commune de   , canton de   , arrondissement de   département de   ; ont comparu publiquement dans la maison commune (*s'il n'y a pas de maison commune on indiquera dans quelle maison la célébration a lieu, en ajoutant :* tenant lieu de maison commune, et dont les portes sont restées ouvertes), N.   (*prénoms, nom, profession du futur*), né le   à   domicilié à   majeur quant au mariage (*s'il a plus de 25 ans*), *ou* mineur quant au mariage (*s'il a de 21 à 25 ans non accomplis*), *ou* mineur, (*s'il a moins de 21 ans*), fils de N.   (*prénoms, nom, âge, profession et domicile du père du futur*), ici présent et consentant (*ou bien, s'il n'est pas présent et qu'il ait donné son consentement authentique, on dira :* consentant par acte authentique), et de N.   (*prénoms, nom, âge, profession et domicile de la mère*), non présente et consentante ainsi que N.   (*le père*) le déclare (*s'il est présent, ou* l'a déclaré dans l'acte par lequel il consent au mariage, *s'il n'est pas présent*), d'une part; et N.   (*prénoms, nom, profession de la future*), née le

à   domiciliée à   , majeure (*si elle a plus de 21 ans*, ou
mineure, *si elle a moins*), fille de N.   (*prénoms, nom, âge,
profession et domicile du père de la future*), ici présent et consentant (*ou bien, s'il n'est pas présent et qu'il ait donné son
consentement authentique, on dira :* consentant par acte authentique), et de N.   (*prénoms, nom, âge, profession et
domicile de sa mère*), non présente et consentante ainsi que
N.   (*le père*) le déclare (*s'il est présent, ou* l'a déclaré,
dans l'acte par lequel il consent au mariage, *s'il n'est pas
présent*) d'autre part ; lesquels nous ont requis de procéder à
la célébration du mariage projeté entre eux, et dont les publications ont été faites en notre commune, les   (*indiquer
les jour, mois et an de chacune des deux publications*) (*et dans
le cas où il aurait été fait des publications dans d'autres Communes on l'indiquera par ces mots :* et dans la Commune ou
les Communes de   (*indiquer les noms*) les mêmes jours,
mois et an (*ou bien si ce ne sont pas les mêmes jours*), les
(*quantièmes*) du mois *ou* des mois de   dix-huit cent   ),
sans qu'aucune opposition nous ait été signifiée (non plus qu'à
l'Officier de l'état civil de la (*ou des*) commune   susdite   ,
ainsi qu'il résulte de (*ou des*) certificat   en date de   (*indiquer exactement les dates dans le cas où il aurait été fait des
publications dans d'autres communes*). Nous nous sommes fait
remettre les actes de naissance des futurs époux (ainsi que les
actes de consentements des ascendants, (*quand il y en a*), lesquelles pièces, régulièrement légalisées (*pour les extraits qui
ne sont pas pris dans la commune même de la célébration*) et
dûment paraphées par nous et par la partie produisante, demeurent annexées au présent acte. Après avoir fait lecture aux
parties de ces actes et du chapitre six du titre du mariage du
Code civil, nous avons demandé au futur époux et à la future
épouse, s'ils veulent se prendre pour mari et pour femme ; et,
chacun d'eux ayant répondu séparément et affirmativement,
nous déclarons, au nom de loi, que N.   (*prénoms et nom
du futur*), et N.   (*prénoms et nom de la future*) sont unis
par le mariage. De quoi nous avons sur-le-champ dressé acte

en présence de N.   (*prénoms, nom, âge, profession et domicile du 1ᵉʳ témoin*), qui a déclaré être   (*indiquer la qualité de parent ou d'allié de ce témoin, avec les époux ou l'un d'eux, de quel côté, paternel ou maternel, et à quel degré; et si le témoin n'est ni parent, ni allié d'aucun des époux, on dira*: qui a déclaré n'être parent, ni allié des époux); de N   (*mêmes énonciations pour le 2ᵉ témoin*); de N. (*de même pour le 3ᵉ*); et de N.   (*de même enfin pour le 4ᵉ*). Et après que nous leur en avons donné lecture, les comparants et témoins l'ont signé avec nous. (*si les comparants et témoins ne savent ou ne peuvent pas tous signer, on mettra après les mots*: donné lecture, *ceux-ci*: N.   N.   (*indiquer les noms de ceux qui doivent signer et dire pour chacun s'il est comparant ou témoin*) ont signé avec nous, et N.   N. (*indiquer les noms de ceux qui ne signeront pas, et dire, pour chacun, s'il est comparant ou témoin*), ont déclaré ne savoir signer (*ou ne pouvoir signer, avec mention dans ce dernier cas, de la cause accidentelle qui l'empêche de signer*).

(Suivent les signatures.

Nº XX.

Formule de l'acte de mariage entre majeurs ou mineurs, dont les pères existent et consentent, et les mères sont décédées.

Voir les observations pages 93 et 111.

L'an mil huit cent   le   (*quantième*) du mois de   à   heure (*indiquer si c'est du matin, du soir ou à midi*), pardevant nous (*prénoms et nom du fonctionnaire qui reçoit l'acte*), Maire (*si c'est l'Adjoint ou un Conseiller municipal, on dira*: Adjoint   ou   Conseiller municipal, par suite de délégation, *ou* de décès, *ou* d'absence *ou* d'empêchement du Maire, *selon la cause du remplacement*), remplissant les fonctions d'Officier de l'état civil de la Commune de   , canton de   , arrondissement de   , département de   ; ont comparu publiquement dans la maison commune (*s'il n'y a pas de maison commune, on indiquera dans quelle maison la célébration a lieu, en ajoutant : tenant lieu de maison commune, et dont les portes sont restées ouvertes*), N. (*prénoms, nom, profession du futur*), né le à domicilié à majeur quant au mariage (*s'il a plus de 25 ans*), *ou* mineur quant au mariage (*s'il a de 21 ans à 25 ans, ou mineur s'il a moins de 21 ans*), fils de N. (*prénoms, nom, âge, profession et domicile du père du futur*), ici présent et consentant (*ou bien s'il n'est pas présent et qu'il ait donné son consentement authentique, on dira :* consentant par acte authentique), et de N. (*prénoms, nom, âge, profession et domicile de sa mère*) décédée à le d'une part; et N. (*prénoms, nom, profession de la future*), née le à domiciliée à majeure (*si elle a plus de 21 ans*), *ou* mineure, (*si elle a moins*), fille de N. (*prénoms, nom, âge, profession et domicile du père de la future*), ici présent et consentant (*ou bien s'il n'est pas présent et qu'il ait donné son consentement authentique, on dira :* consentant par acte authentique), et N. (*prénoms, nom, âge, profession et domicile de sa mère*), décédée à le d'autre part; lesquels nous ont requis de procéder à la célébration du mariage projeté entre eux et dont les publications ont été faites en notre commune le (*indiquer les jours, mois et an de chacune des deux publications*), (*et dans le cas où il aurait été fait des publications dans d'autres communes on l'indiquera par ces mots :*) et dans les communes de (*indiquer les noms*), les mêmes jours, mois et an (*ou bien si ce ne sont pas les mêmes jours*) les (*quantièmes*) du mois (*ou des mois*) de dix-huit cent), sans qu'aucune opposition nous ait été signifiée, (*s'il a été fait des publications dans d'autres communes, on ajoutera ces mots :*) non plus qu'à l'Officier de l'état civil de la (*ou des*) commune susdite ainsi qu'il résulte du (*ou des*) certicat en date de (*indiquer exactement les dates*). Nous nous sommes fait remettre les actes de naissance des futurs époux, ainsi que les actes de décès et le (*ou les*) consentement des ascendants (*quand il y en a*), lesquelles pièces, régulièrement légalisées (*pour les extraits qui ne sont pas pris dans la commune même de la célébration*) et dûment paraphées par nous et par la partie produisante, demeurent annexées au présent acte. Après avoir fait lecture aux parties de ces actes et du chapitre six du titre du mariage au Code civil, nous avons demandé au futur époux et à la future épouse, s'ils veulent se prendre pour mari et pour femme; et, chacun d'eux ayant répondu séparément et affirmativement, nous déclarons, au nom de la loi, que N.　　(*prénoms et nom du futur*), et N.　　(*prénoms et nom de la future*) sont unis par le mariage. De quoi nous avons sur-le-champ dressé acte en présence de N. (*prénoms, nom, âge, profession et domicile du 1er témoin*), qui a déclaré être　　(*indiquer la qualité de parent ou d'allié de ce témoin, avec les époux ou l'un d'eux, de quel côté, paternel ou maternel, et à quel degré; et si le témoin n'est ni parent, ni allié d'aucun des époux, on dira :* qui a déclaré n'être parent, ni allié des époux); de N.　　(*mêmes énonciations pour le 2e témoin*); de N.　　(*de même pour le 3e*) et de N.　　(*de même enfin pour le 4e*). Et après que nous leur en avons donné lecture, les comparants et témoins ont signé avec nous, (*si les comparants ou témoins ne savent ou ne peuvent pas tous signer, on mettra après les mots :* donné lecture, *ceux-ci :* N.　　N.　　(*indiquer les noms de ceux qui doivent signer et dire, pour chacun, s'il est comparant ou témoin*) ont signé avec nous, et N.　　N.　　(*indiquer les noms de ceux qui ne signeront pas, et dire, pour chacun, s'il est comparant ou témoin*) ont déclaré ne savoir signer (*ou ne pouvoir signer, avec mention, dans ce dernier cas, de la cause accidentelle qui l'empêche de signer*).

(Suivent les signatures.)

N° XXI.

Formule de l'acte de mariage entre majeurs ou mineurs, dont les pères sont décédés et les mères existent et consentent.

Voir les observations pages 93 et 111.

L'an mil huit cent   le   (*quantième*) du mois de
à   heure   (*indiquer si c'est du matin, du soir ou à midi*),
pardevant nous (*prénoms et nom du fonctionnaire qui reçoit
l'acte*) Maire (*si c'est l'Adjoint ou un Conseiller municipal, on
dira :* Adjoint *ou* Conseiller municipal, par suite de délégation, *ou* de décès, *ou* d'absence, *ou* d'empêchement du Maire,
selon la cause du remplacement), remplissant les fonctions
d'Officier de l'état civil de la Commune de   , canton de   ,
arrondissement de   , département de   ; ont comparu
publiquement dans la maison commune (*s'il n'y a pas de maison
commune, on indiquera dans quelle maison la célébration a
lieu, en ajoutant :* tenant lieu de maison commune, et dont les
portes seront restées ouvertes), N.   (*prénoms, nom, profession du futur*), né le   à   domicilié à
majeur quant au mariage (*s'il a plus de* 25 *ans*), *ou* mineur
quant au mariage (*s'il a de* 21 *ans à* 25 *ans, ou* mineur, *s'il
a moins de* 21 *ans*), fils de N.   (*prénoms, nom, âge, profession et domicile du père futur*), décédé à   le   , et de N.
(*prénoms, nom, âge, profession et domicile de la mère*), ici
présente et consentante (*ou bien si elle n'est pas présente et
qu'elle ait donné son consentement authentique, on dira :* consentante par acte authentique), d'une part; et N.   (*prénoms, nom et profession de la future*), née le   à
domiciliée à   majeure (*si elle a plus de* 21 *ans, ou
mineure, si elle a moins*), fille de N.   (*prénoms, nom,
âge, profession et domicile du père de la future*), décédé à
le   comme il est constaté par l'acte de décès délivré à
le   , et de   (*prénoms, nom, âge, profession et domicile
de sa mère*), ici présente et consentante (*ou bien si elle n'est*

pas présente et qu'elle ait donné son consentement authentique,
on dira : consentant ainsi qu'il résulte d'un acte passé devant
N.   , notaire à   le   qui restera annexé au présent
acte), d'autre part ; lesquels nous ont requis de procéder à la
célébration du mariage projeté entre eux, et dont les publications ont été faites en notre commune, les   *(indiquer les*
jours, mois et an de chacune des deux publications, et dans
le cas où il aurait été fait des publications dans d'autres com-
munes, on l'indiquera par ceci) : et dans la commune *ou les*
commune de   *(indiquer les noms),* les mêmes jours, mois
et an *(ou bien si ce ne sont pas les mêmes jours)* les
(quantièmes) du mois *(ou des mois)* de   dix-huit cent   ), sans
qu'aucune opposition nous ait été signifiée, *(s'il a été fait des*
publications dans d'autres communes, on ajoutera ces mots :)
non plus qu'à l'Officier de l'état civil de la *(ou des)* commune
susdite ainsi qu'il résulte du *(ou des)* certificat en date de
(indiquer exactement les dates). Nous nous sommes fait remettre
les actes de naissance des futurs époux, ainsi que les actes de
décès et le *(ou les)* consentement des ascendants ; lesquelles
pièces, régulièrement légalisées *(la légalisation n'est pas né-*
cessaire pour les extraits qui sont pris dans la commune même
de la célébration) et dûment paraphées par nous et par la
partie produisante, demeurent annexées au présent acte. Après
avoir fait lecture aux parties de ces actes et du chapitre six du
titre du mariage au Code civil, nous avons demandé au futur
époux et à la future épouse, s'ils veulent se prendre pour mari
et pour femme, et chacun d'eux ayant répondu séparément
et affirmativement, nous déclarons, au nom de la loi, que
N.   *(prénoms et nom du futur),* et N.   *(prénoms*
et nom de la future) sont unis par le mariage. De quoi nous
avons sur-le-champ dressé acte en présence de N.
(prénoms, nom, âge, profession et domicile du 1er témoin),
qui a déclaré être   *(indiquer la qualité de parent*
ou d'allié de ce témoin, avec les époux ou l'un d'eux, de quel
côté, paternel ou maternel, et à quel degré ; et si le témoin
n'est ni parent, ni allié d'aucun des époux, on dira : qui a

déclaré n'être parent, ni allié des époux); de N.   (*mêmes énonciations pour le second témoin*); de N.   (*de même pour le troisième*); et de N.   (*de même enfin pour le quatrième*). Et après que nous leur en avons donné lecture, les comparants et témoins l'ont signé avec nous. (*Si les comparants et témoins ne savent ou ne peuvent pas tous signer, on mettra après les mots :* donné lecture, *ceux-ci :*) N.   N.   (*indiquer les noms de ceux qui doivent signer et dire, pour chacun, s'il est comparant ou témoin*) ont signé avec nous, et N.   N. (*indiquer les noms de ceux qui ne signeront pas, et dire, pour chacun, s'il est comparant ou témoin*) ont déclaré ne savoir signer (*ou ne pouvoir signer, avec mention, dans ce dernier cas, de la cause accidentelle qui l'empêche de signer*).

(Suivent les signatures.)

N° XXII.

Formules de l'acte de mariage entre majeurs ou mineurs, dont les pères existent et consentent, et les mères sont absentes.

Voir les observations aux pages 93 et 111.

L'an mil huit cent   le   (*quantième*)   du mois de   à   heure   (*indiquer si c'est du matin, du soir ou à midi*) pardevant nous (*prénoms et nom du fonctionnaire qui reçoit l'acte*) Maire (*si c'est l'Adjoint ou un Conseiller municipal, on dira :* Adjoint   ou   Conseiller municipal, par suite de délé. gation, *ou de décès, ou d'absence, ou d'empêchement du Maire, selon la cause du remplacement*), remplissant les fonctions d'Officier de l'état civil de la commune de   , canton de   , arrondissement de   , département de   ; ont comparu publiquement dans la maison commune (*s'il n'y a pas de maison commune, on indiquera dans quelle maison la célébration a lieu, en ajoutant :* tenant lieu de maison commune, et dont les

16

portes sont restées ouvertes), N.   (*prénoms, nom, profes-sion du futur*), né le   (*date de la naissance*), à   (*lieu du domicile du futur*), majeur quant au mariage (*s'il a plus de 25 ans*), *ou* mineur quant au mariage, (*s'il a de 21 ans à 25 ans, ou* mineur, *s'il a moins de 21 ans*), fils de N.   (*prénoms, nom, âge, profession et domicile du père du futur*), ici présent et consentant (*ou bien s'il n'est pas présent et qu'il ait donné son consentement authentique, on dira :* consentant par acte authentique), et de N.   (*prénoms, nom, âge, profession de la mère*), absente, ainsi qu'il résulte du jugement rendu le   du mois de   an   par le tribunal de   qui déclare l'absence (*à défaut de ce jugement, on peut représenter celui qui aurait ordonné l'enquête, ou, s'il n'y a point encore eu de jugement, un acte de notoriété délivré par le Juge de paix du lieu où l'ascendant a eu son dernier domicile connu. Cet acte contiendra la déclaration de quatre témoins appelés d'office par ce Juge de paix*), d'une part; et N.   (*prénoms, nom, profession de la future*), née le   (*date de la naissance*), à   (*lieu de naissance*), domiciliée à   (*lieu du domicile de la future*), majeure (*si elle a plus de 21 ans, ou* mineure, *si elle a moins*), fille de N.   (*prénoms, nom, âge, profes-sion du père de la future*), ici présent et consentant (*ou bien s'il n'est pas présent et qu'il ait donné son consentement au-thentique, on dira :* consentant par acte authentique), et de N.   (*prénoms, nom, âge, profession de la mère*) absente, ainsi qu'il résulte du jugement rendu le   du mois de   an   par le tribunal de   qui déclare l'absence (*à défaut de ce jugement, on peut représenter celui qui aurait ordonné l'en-quête, ou, s'il n'y a point encore eu de jugement, un acte de notoriété délivré par le Juge de paix du lieu où l'ascendant a eu son dernier domicile connu. Cet acte contiendra la déclara-tion de quatre témoins appelés d'office par ce Juge de paix*), d'autre part; lesquels nous ont requis de procéder à la célé-bration du mariage projeté entre eux, et dont les publications ont été faites en notre commune les   (*indiquer les jours, mois et an de chacune des deux publications; et dans le cas*

*où il aurait été fait des publications dans d'autres communes,
on l'indiquera par ces mots :* et dans la commune (*ou* les
communes) de   les mêmes jours, mois et an (*ou bien
si ce ne sont pas les mêmes jours*) les   (*quantièmes*) du
mois (*ou* des mois) de   dix-huit cent   ), sans qu'aucune
opposition nous ait été signifiée (*s'il a été fait des publications
dans d'autres communes, on ajoutera ces mots :*) non plus qu'à
l'Officier de la (*ou* des) commune   susdite   ainsi qu'il résulte
du (*ou* des) certificat   en date de   (*indiquer exactement
les dates*). Nous nous sommes fait remettre les actes de naissance des futurs époux, ainsi que les jugements, les actes de
notoriété et l'acte (*ou* les actes) de consentement des ascendants
(*quand il y en a*) prérappelés ; lesquelles pièces , régulièrement
légalisées *(pour les extraits qui ne sont pas pris dans la commune même de la célébration*), et dùment paraphées par nous
et par la partie produisante , demeurent annexées au présent
acte. Après avoir fait lecture aux parties de ces actes et du
chapitre six du titre du mariage au Code civil, nous avons
demandé au futur époux et à la future épouse, s'ils veulent
se prendre pour mari et pour femme, et, chacun d'eux ayant
répondu séparément et affirmativement, nous déclarons, au
nom de la loi , que N.   (*prénoms et nom du futur*) et
N.   (*prénoms et nom de la future*), sont unis par le
mariage. De quoi nous avons sur-le-champ dressé acte en
présence de N.   (*prénoms, nom, âge, profession et domicile du 1ᵉʳ témoin*), qui a déclaré être   (*indiquer la
qualité de parent ou d'allié de ce témoin, avec les époux ou
l'un d'eux , de quel côté , paternel ou maternel , et à quel
degré ; et si le témoin n'est ni parent, ni allié d'aucun des
époux , on dira :* qui a déclaré n'être parent , ni allié des
époux*); de N.   (*mêmes énonciations pour le* 2ᵉ *témoin*);
de N.   (*de même pour le* 3ᵉ) et de N.   (*de même enfin
pour le* 4ᵉ). Et après que nous leur en avons donné lecture , les
comparants et témoins l'ont signé avec nous. (*Si les comparants
ou témoins ne savent ou ne peuvent pas tous signer, on mettra
après les mots :* donné lecture, *ceux-ci :*) N.   N.   (*indiquer*

les noms de ceux qui doivent signer et dire, pour chacun, s'il est comparant ou témoin), ont signé avec nous ; et N.   N. *(indiquer les noms de ceux qui ne signeront pas et dire, pour chacun, s'il est comparant ou témoin)* ont déclaré ne savoir signer (*ou ne pouvoir signer, avec mention, dans ce dernier cas, de la cause accidentelle qui l'empêche de signer*).

(Suivent les signatures.)

N° XXIII.

Formule de l'acte de mariage entre majeurs ou mineurs, dont les pères sont absents et les mères existent et consentent.

Voir les observations aux pages 93 et 111.

L'an mil huit cent   le   (*quantième*) du mois de   à   heure   (*indiquer si c'est du matin, du soir ou à midi*) pardevant nous (*prénoms et nom du fonctionnaire qui reçoit l'acte*) Maire, (*si c'est l'Adjoint ou un Conseiller municipal :* Adjoint   ou   Conseiller municipal par suite de délégation,   ou   de décès,   ou   d'absence   ou   d'empêchement du Maire, *selon la cause du remplacement*), remplissant les fonctions d'Officier de l'état civil de la Commune de   , canton de   , arrondissement de   , département de   ; ont comparu publiquement dans la maison commune,   (*s'il n'y a pas de maison commune, on indiquera dans quelle maison la célébration a lieu en ajoutant*) : tenant lieu de maison commune et dont les portes sont restées ouvertes, N.   (*prénoms, nom, profession du futur*), né le   (*date de la naissance*) à (*lieu de la naissance*) domicilié à   (*lieu du domicile du futur*), majeur quant au mariage (*s'il a plus de 25 ans*), ou mineur quant au mariage (*s'il a de 21 ans à 25 ans, ou mineur s'il a moins de* 21 *ans*, fils de N. (*prénoms, nom, âge, profession et domicile du père du futur*) absent, ainsi qu'il résulte du jugement rendu le du mois de an par le tribunal de qui déclare l'absence (*à défaut de ce jugement, on peut représenter celui qui aurait ordonné l'enquête, ou s'il n'y a point encore eu de jugement, un acte de notoriété délivré par le Juge de paix du lieu où l'ascendant a eu son dernier domicile connu. Cet acte contiendra la déclaration de quatre témoins appelés d'office par ce Juge de paix*); et de N. (*prénoms, nom, âge, profession et domicile de la mère*) ici présente et consentante (*ou bien si elle n'est pas présente et qu'elle ait donné son consentement authentique, on dira :* consentante par acte authentique), d'une part; et N. (*prénoms, nom, profession de la future*), née le à domiciliée à majeure (*si elle a plus de* 21 *ans*) ou mineure (*si elle a moins*), fille de N. (*prénoms, nom, âge, profession et domicile du père de la future*), absent, ainsi qu'il résulte du jugement rendu le du mois de an par le tribunal de qui déclare l'absence, (*à défaut de ce jugement, on peut représenter celui qui aurait ordonné l'enquête, ou s'il n'y a point encore eu de jugement, un acte de notoriété délivré par le Juge de paix du lieu où l'ascendant a eu son dernier domicile connu. Cet acte contiendra la déclaration de quatre témoins appelés d'office par ce Juge de paix*), et de N. (*prénoms, nom, âge, profession et domicile de sa mère*), ici présente et consentante (*ou bien si elle n'est pas présente et qu'elle ait donné son consentement authentique, on dira :* consentante par acte authentique), d'autre part; lesquels nous ont requis de procéder à la célébration du mariage projetée entre eux, et dont les publications ont été faites en notre commune les (*indiquer les jours, mois et an de chacune des deux publications*) (*et dans le cas où il aurait été fait des publications dans d'autres communes, on l'indiquera par ceci :*) et dans la commune (*ou les communes*) de (*indiquer les noms*), les mêmes jours, mois et an (*ou bien si ce ne sont pas les mêmes jours*) les (*quantièmes*) du mois (*ou des mois*) de dix-huit cent .

sans qu'aucune opposition nous ait été signifiée (*s'il a été fait des publications dans d'autres communes, on ajoutera ces mots :*) non plus qu'à-l'Officier de l'état civil de la (*ou* des) commune susdite ainsi qu'il résulte du (*ou des*) certificat en date de (*indiquer exactement les dates*). Nous nous sommes fait remettre les actes de naissance des futurs époux, ainsi que les jugements, ou (*désigner les pièces*) ; lesquelles pièces, régulièrement légalisées (*pour les extraits qui ne sont pas pris dans la commune même de la célébration*) et dûment paraphées par nous et par la partie produisante, demeurent annexées au présent acte. Après avoir fait lecture aux parties de ces actes et du chapitre six du titre de mariage au Code civil, nous avons demandé au futur époux et à la future épouse s'ils veulent se prendre pour mari et pour femme ; et chacun d'eux ayant répondu séparément et affirmativement, nous déclarons, au nom de la loi, que N. (*prénoms et nom du futur*) et N. (*prénoms et nom de la future*) sont unis par le mariage, de quoi nous avons sur-le-champ dressé acte en présence de N. (*prénoms, nom, âge, profession et domicile du 1er témoin*), qui a déclaré être (*indiquer la qualité de parent ou d'allié de ce témoin avec les époux ou l'un d'eux, de quel côté, paternel ou maternel, et à quel degré ; et si le témoin n'est ni parent, ni allié d'aucun des époux, on dira :*) qui a déclaré n'être parent, ni allié des époux) ; de N. (*mêmes énonciations pour le 2e témoin*) ; de N. (*de même pour le 3e*) ; et de N. (*de même enfin pour le 4e*) ; et après que nous leur en avons donné lecture, les comparants et témoins l'ont signé avec nous. (*Si les comparants et témoins ne savent ou ne peuvent pas tous signer, on mettra après les mots :* donné lecture, *ceux-ci :*) N. N. (*indiquer les noms de ceux qui doivent signer et dire, pour chacun, s'il est comparant ou témoin*), ont signé avec nous, et N. N. (*indiquer les noms de ceux qui ne signeront pas, et dire, pour chacun, s'il est comparant ou témoin*) ont déclaré ne savoir signer (*ou ne pouvoir signer, avec mention, dans ce dernier cas, de la cause accidentelle qui l'empêche de signer*).

(Suivent les signatures.)

N° XXIV.

Formule de l'acte de mariage entre majeurs ou mineurs, dont les pères et mères sont décédés et les aïeuls existent et consentent.

Voir les observations aux pages 93 et 111.

L'an mil huit cent   le   (*quantième*) du mois de
à   heure   (*du matin, du soir, ou à midi*), pardevant
nous (*prénoms et nom du fonctionnaire qui reçoit l'acte*), Maire
(*si c'est l'Adjoint ou un Conseiller municipal, on dira :* Adjoint
ou Conseiller municipal, par suite de délégation, *ou de décès,
ou* d'absence, *ou* d'empêchement du Maire, *selon la cause du
remplacement*), remplissant les fonctions d'Officier de l'état
civil de la Commune de   , canton de   , arrondissement
de   , département de   ; ont comparu publiquement dans
la maison commune (*s'il n'y a pas de maison commune, on
indiquera dans quelle maison la célébration a eu lieu, en ajoutant :* tenant lieu de maison commune, et dont les portes sont
restées ouvertes) N   (*prénoms, nom, profession du futur*),
né le   (*date de la naissance*), à   (*lieu de la naissance*),
domicilié à   (*lieu du domicile du futur*), majeur quant
au mariage (*s'il a plus de* 25 *ans*), *ou* mineur quant au mariage (*s'il a de* 21 *ans à* 25 *ans*), *ou* mineur (*s'il a moins
de* 21 *ans*), fils de N.   (*prénoms, nom, âge, profession
et domicile du père du futur*), décédé à   le   ,
et de N.   (*prénoms, nom, âge, profession et domicile de
la mère*), décédée à   le   petit-fils du côté paternel de
N.   (*prénoms, nom, âge, profession et domicile de l'aïeul
paternel*), et de N.   (*prénoms, nom, âge, profession et
domicile de l'aïeule paternelle*), et petit-fils du côté maternel
de N.   (*prénoms, nom, profession et domicile de son aïeul
maternel*), et de N.   (*prénoms, nom, âge, profession et
domicile de l'aïeule maternelle*), ici présents et consentants
(*ou bien s'il ne sont pas présents et qu'ils aient donné leur
consentement authentique, on dira :* consentants par acte authentique), d'une part ; et de N.   (*prénoms, nom, profes-*

sion de la future), née le   à   domiciliée à   majeure (*si elle a plus de 21 ans*) ou mineure (*si elle a moins*), fille de N   (*prénoms, nom, âge, profession et domicile du père de la future*), décédé à   le   , et de N.   (*prénoms, nom, âge, profession et domicile de sa mère*), décédée à   le   ; petite-fille de N.   (*prénoms, nom, âge, profession et domicile de l'aïeul paternel*), et de N.   (*prénoms, nom, âge, profession et domicile de l'aïeule paternelle*); et petite-fille, du côté maternel, de N.   (*prénoms, nom, âge, profession et domicile de l'aïeul maternel*), et de N. (*prénoms, nom, âge, profession et domicile de l'aïeule maternelle*), ici présents et consentants, (*ou bien s'ils ne sont pas présents et qu'ils aient donné leur consentement authentique, on dira :* consentant par acte authentique), d'autre part; lesquels nous ont requis de procéder à la célébration du mariage projeté entre eux, et dont les publications ont été faites en notre commune les   (*indiquer les jours, mois et an de chacune des deux publications*) (*et dans le cas où il aurait été fait des publications dans d'autres communes, on l'indiquera par ceci :*) et dans la commune (*ou les communes*) de   (*indiquer les noms*), les mêmes jours, mois et an (*ou bien si ce ne sont pas les mêmes jours*) les (*quantièmes*) du mois (*ou des mois*) de   dix-huit cent   ), sans qu'aucune opposition nous ait été signifiée (*s'il a été fait des publications dans d'autres communes, on ajoutera ces mots :*) non plus qu'à l'Officier de l'état civil de la (*ou des*) commune   ainsi qu'il résulte du (*ou des*) certificat   en date de   (*indiquer exactement les dates*). Nous nous sommes fait remettre les actes de naissance des futurs époux, ainsi que l'acte (*ou les actes*) de consentement des ascendants (*quand il y en a*) et les actes de décès; lesquelles pièces, régulièrement légalisées (*la légalisation n'est pas nécessaire pour les extraits qui sont pris dans la commune même de la célébration*) et dûment paraphées par nous et par la partie produisante, demeurent annexées au présent acte. Après avoir fait lecture aux parties de ces actes et du chapitre six du titre du mariage au Code civil , nous avons demandé au futur époux et à la future épouse s'ils veulent se prendre pour mari et pour femme ; et , chacun d'eux ayant répondu séparément et affirmativement , nous déclarons , au nom de la loi , que N.. (*prénoms et nom du futur*), et N. (*prénoms et nom de la future*) sont unis par le mariage. De quoi nous avons sur-le-champ dressé acte en présence de N. (*prénoms , nom , âge , profession et domicile du 1er témoin*), qui a déclaré être (*indiquer la qualité de parent ou d'allié de ce témoin , avec les époux ou l'un d'eux , de quel côté , paternel ou maternel , et à quel degré ; et si le témoin n'est ni parent , ni allié d'aucun des époux , on dira :* qui a déclaré n'être parent , ni allié des époux); de N. (*mêmes énonciations pour le 2e témoin*); de N. (*de même pour le 3e*); et de N. (*de même enfin pour le 4e*); et après que nous leur en avons donné lecture, les comparants et témoins l'ont signé avec nous. (*Si tous les comparants et témoins ne savent ou ne peuvent pas tous signer, on mettra après les mots :* donné lecture, ceux-ci) : N. N. (*indiquer les noms de ceux qui doivent signer et dire, pour chacun , s'il est comparant ou témoin*) ont signé avec nous, et N. N. (*indiquer les noms de ceux qui ne signeront pas et dire, pour chacun , s'il est comparant ou témoin*) ont déclaré ne savoir signer (*ou ne pouvoir signer, avec mention , dans ce dernier cas , de la cause accidentelle qui l'empêche de signer*).

(Suivent les signatures.)

N° XXV.

Formule de l'acte de mariage entre majeurs , dont les pères et mères , aïeuls ou aïeules sont décédés ou absents.

Voir les observations aux pages 93 et 111.

L'an mil huit cent le (*quantième*) du mois d à (*du matin, du soir ou à midi*), pardevant nous (*prénoms et nom du fonctionnaire qui reçoit l'acte*) Maire, (*si c'est l'Adjoint ou un Conseiller municipal, on dira :* Adjoint *ou* Conseiller municipal, par suite de délégation, *ou* de décès, *ou* d'absence, *ou* d'empêchement du Maire, *selon la cause du remplacement*), remplissant les fonctions d'Officier de l'état civil de la commune d   , canton d   , arrondissement d   , département d   ; ont comparu publiquement dans la maison commune (*s'il n'y a pas de maison commune, on indiquera dans quelle maison la célébration a lieu, en ajoutant :* tenant lieu de maison commune, et dont les portes sont restées ouvertes), N   (*prénoms, nom, âge et profession du futur*), né le   à   domicilié à   , majeur quant au mariage (*s'il a plus de 25 ans*), *ou* mineur quant au mariage (*s'il a de 21 à 25 ans*), fils de N.   (*prénoms, nom, âge, profession et domicile du père*), décédé à   le   et de N.   (*prénoms, nom, âge, profession et domicile de la mère*), décédée à   le   (*en cas d'absence, on mettra :* fils de N.   (*prénoms, nom, âge, profession et domicile du père*) et de N.   (*prénoms, nom, âge, profession et domicile de la mère*), absents, le père, ainsi qu'il résulte du jugement rendu le   du mois de   an   par le tribunal de   qui déclare l'absence, (*à défaut de ce jugement l'on peut représenter celui qui aurait ordonné l'enquête tendant à faire délivrer l'absence, et s'il n'y a point encore eu de jugement mettre*) : comme il est constaté par l'acte de notoriété, dressé à   par le Juge de paix du canton de   (*le Juge de paix doit être celui du lieu où l'ascendant a eu son dernier domicile connu. Cet acte contiendra la déclaration de quatre témoins appelés d'office par ce Juge de paix*); la mère, ainsi qu'il résulte   (*comme il vient d'être dit pour le père*); petit fils du côté paternel de   (*prénoms, nom, âge, profession et domicile de l'aïeul et de l'aïeule paternel*), et petit-fils du côté maternel de (*prénoms, noms, âges et domiciles de l'aïeul et de l'aïeule maternels*). (*En cas de décès, on dira :* décédé *ou en cas d'absence :* absents (*indiquer les actes qui justifient l'absence ou le décès, comme il vient d'être dit pour le père)*, d'une part ; et N.   *(prénoms, nom, âge et profession de la future)*, née le   à   domiciliée à   majeure *(si elle a plus de 21 ans)* fille de   *(les énonciations qui s'appliquent aux parents du futur époux, et que l'on vient de voir, s'appliquent également aux père , mère , aïeuls et aïeules de la future)*, d'autre part; lesquels nous ont requis de procéder à la célébration de mariage projeté entre eux, et dont les publications ont été faites en notre commune les   *(indiquer les jours, mois et an de chacune des deux publications)*, *(et dans le cas où il aurait été fait des publications dans d'autres communes, on l'indiquera par ces mots)* : et dans la commune *(ou les communes)* de   *(indiquer les noms)*, les mêmes jours, mois et an *(ou bien si ce ne sont pas les mêmes jours)*, les   *(quantièmes)* du mois *(ou des mois)* de   dix-huit cent   ), sans qu'aucune opposition nous ait été signifiée *(s'il a été fait des publications dans d'autres communes , on ajoutera ces mots)* : non plus qu'à l'Officier de l'état-civil de la *(ou des)* commune   susdite   ainsi qu'il résulte du *(ou des)*   certificat   en date de   *(indiquer exactement les dates)*. Nous nous sommes fait remettre les actes de naissance des futurs époux, ainsi que les   *(désigner les autres pièces)*, lesquelles pièces, régulièrement légalisées *(pour les extraits qui ne sont pas pris dans la commune même de la célébration)* et dûment paraphées par nous et par la partie produisante, demeurent annexées au présent acte. Après avoir fait lecture aux parties de ces actes et du chapitre six du titre du mariage au Code civil, nous avons demandé au futur époux et à la future épouse s'ils veulent se prendre pour mari et pour femme ; et , chacun d'eux ayant répondu séparément et affirmativement, nous déclarons, au nom de la loi, que N.   *(prénoms et nom du futur)*, et N.   *(prénoms et nom de la future)* sont unis par le mariage. De quoi nous avons sur-le-champ dressé acte en présence de N.   *(prénoms, nom , âge, profession et domicile du 1er témoin)*, qui a déclaré être *(indiquer la qualité de parent ou d'allié de ce témoin avec les époux ou l'un d'eux, de quel côté, paternel ou maternel, et à* quel degré ; et si le témoin n'est ni parent, ni allié d'aucun des époux, on dira : qui a déclaré n'être parent, ni allié des époux) ; et de N.   (mêmes énonciations pour le 2ᵉ témoin) ; de N.   (de même pour le 3ᵉ) ; et de N.   (de même enfin pour le 4ᵉ) ; et après que nous leur en avons donné lecture, les comparants et témoins l'ont signé avec nous. (Si les comparants et témoins ne savent ou ne peuvent pas tous signer, on mettra après les mots : donné lecture, ceux-ci) : N.   N. (indiquer les noms de ceux qui doivent signer et dire pour chacun s'il est comparant ou témoin) ont signé avec nous, et N.   N.   (indiquer les noms de ceux qui ne signeront pas, et dire, pour chacun, s'il est comparant ou témoin), ont déclaré ne savoir signer (ou ne pouvoir signer, avec mention dans ce dernier cas, de la cause accidentelle qui l'empêche de signer).

(Suivent les signatures .

N° XXVI.

Acte de mariage entre majeurs, lorsque les futurs époux ne peuvent se procurer les actes de décès de leur père et mère et de leurs aïeuls et aïeules.

Voir les observations aux pages 93 et 111.

L'an, etc.   (comme dans les formules précédentes) ; ont comparu publiquement dans la maison commune (s'il n'y a pas de maison commune, on indiquera dans quelle maison la célébration a lieu, en ajoutant : tenant lieu de maison commune, et dont les portes sont restées ouvertes), N.   (prénoms, nom, âge et profession du futur), né le   à   domicilié à   majeur quant au mariage (s'il a plus de 25 ans), ou mineur quant au mariage (s'il a de 21 à 25 ans), fils de N.   (prénoms, nom, âge, profession et domicile du père *du futur*), et de N.   (*prénoms, nom, âge, profession et domicile de la mère*), tous deux décédés ; petit-fils du côté paternel de N.   (*prénoms, nom, âge, profession et domicile de l'aïeul paternel*), et de N.   (*prénoms, nom, âge, profession de l'aïeule paternelle*), tous deux décédés ; et petit-fils du côté maternel de N.   N.   (*prénoms, noms, âges, professions et domiciles de l'aïeul et de l'aïeule maternels*), tous deux également décédés, d'une part ; et N.   (*prénoms, nom, âge, profession et domicile de la future*), née le   à   domiciliée à   , majeure (*si elle a plus de 21 ans*), fille de N.   N.   (*les énonciations qui s'appliquent aux parents du futur époux, et que l'on vient de voir, s'appliquent également aux pères, mères, aïeuls et aïeules de la future*), d'autre part ; lesquels nous ont requis de procéder à la célébration du mariage projeté entre eux, et dont les publications ont été faites en notre commune, les   (*indiquer les jour, mois et an de chacune des deux publications*), (*et dans le cas où il aurait été fait des publications dans d'autres communes, on l'indiquera par ces mots*) : et dans la commune (*ou les communes*) de   (*indiquer les noms*) les mêmes jours, mois et an (*ou bien si ce ne sont pas les mêmes jours*), les (*quantièmes*) du mois (*ou des mois*) de   dix-huit cent   ), sans qu'aucune opposition nous ait été signifiée (*s'il a été fait des publications dans d'autres communes, on ajoutera ces mots*) : non plus qu'à l'Officier de l'état civil de la (*ou des*) commune   susdite   , ainsi qu'il résulte de (*ou des*) certificat en date de   (*indiquer exactement les dates*). Nous nous sommes fait remettre les actes de naissance des futurs époux, lesquelles pièces, régulièrement légalisées (*pour les extraits qui ne sont pas pris dans la commune même de la célébration*) et dûment paraphées par nous et par la partie produisante, demeurent annexées au présent acte. Après avoir fait lecture aux parties de ces actes et du chapitre six du titre du mariage du Code civil, nous avons demandé au futur époux et à la future épouse, s'ils veulent se prendre pour mari et pour femme ; et, chacun d'eux ayant répondu séparément et affirmativement, nous déclarons, au nom de la loi, que N. *(prénoms et nom du futur)*, et N. *(prénoms et nom de la future)* sont unis par le mariage. De quoi nous avons sur-le-camp dressé acte en présence de N. *(prénoms, nom, âge, profession et domicile du 1ᵉʳ témoin)*, qui a déclaré être *(indiquer la qualité de parent ou d'allié de ce témoin, avec les époux ou l'un d'eux, de quel côté, paternel ou maternel, et à quel degré; et si le témoin n'est ni parent, ni allié d'aucun des époux, on dira :* qui a déclaré n'être parent, ni allié des époux); de N *(mêmes énonciations pour le 2ᵉ témoin)*; de N. *(de même pour le 3ᵉ)*; et de N. *(de même enfin pour le 4ᵉ)*. Les époux nous ont déclaré, sous serment, que le lieu du décès et le dernier domicile de leurs pères et mères, aïeuls et aïeules leur sont inconnus; et cette déclaration a été certifiée aussi par serment des quatre témoins du présent acte de mariage, lesquels ont affirmé que, quoiqu'ils connaissent les époux, ils ignorent le lieu du décès de leurs dits ascendants et leur dernier domicile; et après que nous leur avons donné lecture du présent acte, les comparants et témoins l'ont signé avec nous. *(Si les comparants et témoins ne savent ou ne peuvent pas tous signer, on mettra après les mots :* donné lecture du présent acte, *ceux-ci :* N. N. *(indiquer les noms de ceux qui doivent signer et dire, pour chacun, s'il est comparant ou témoin)*, ont signé avec nous, et N. N. *(indiquer les noms de ceux qui ne signeront pas, et dire, pour chacun, s'il est comparant ou témoin)* ont déclaré ne savoir signer *(ou* ne pouvoir signer, *avec mention, dans ce dernier cas, de la cause accidentelle qui l'empêche de signer)*.

(Suivent les signatures.)

N° XXVII.

Formule de célébration de mariage entre des mineurs (c'est-à-dire ayant moins de 21 ans) dont les pères et mères, aïeuls ou aïeules sont décédés ou absents

Voir les observations aux pages 93 et 111.

L'an mil huit cent   le   (*quantième*) du mois de   à   heure (*indiquer si c'est du matin, du soir ou à midi*), pardevant nous (*prénoms et nom du fonctionnaire qui reçoit l'acte*) Maire (*si c'est l'Adjoint ou un Conseiller municipal, on dira :* Adjoint   *ou*   Conseiller municipal, par suite de délégation, *ou de décès, ou d'absence, ou d'empêchement du Maire, selon la cause du remplacement*), remplissant les fonctions d'Officier de l'état civil de la Commune de   , canton de   , arrondissement de   , département de   ; ont comparu publiquement dans la maison commune (*s'il n'y a pas de maison commune, on indiquera dans quelle maison la célébration a lieu, en ajoutant :* tenant lieu de maison commune, et dont les portes sont restées ouvertes), N.   (*prénoms, nom, profession du futur*), né le   à   domicilié à   mineur (*s'il a moins de 21 ans*), fils de N.   (*prénoms, nom, âge, profession et domicile du père du futur*), décédé à   le   , et de N.   (*prénoms, nom, âge, profession et domicile de la mère*), décédée à   le   (*en cas d'absence, on mettra :* fils de N.   *comme ci-dessus, et de N.   comme ci-dessus*), absents; le père, ainsi qu'il résulte du jugement rendu le   du mois de   an   par le tribunal de   qui déclare l'absence (*à défaut de ce jugement, on peut représenter celui qui aurait ordonné l'enquête tendant à faire déclarer l'absence, et s'il n'y a point encore eu de jugement, mettre*): comme il est constaté par l'acte de notoriété dressé à   par le Juge de paix du canton de   (*le Juge de paix doit être celui du lieu où l'ascendant a eu son dernier domicile connu. Cet acte contiendra la déclaration de quatre témoins appelés d'office par ce Juge de paix*), la mère, ainsi qu'il résulte   (*comme il vient d'être dit pour le père*); petit-fils du côté paternel de N.

(*prénoms, nom, âge, profession et domicile de l'aïeul pater-*
nel) (*en cas de décès, on dira*) : décédé   (*puis indiquer*
comme il est dit ci-dessus pour le père), et de N. (*prénoms,*
nom, âge, profession et domicile de l'aïeule paternelle) (*si*
elle est décédée ou absente, l'indiquer comme il est dit ci-des-
sus); et petit-fils du côté maternel de N.   (*prénoms, nom,*
âge, profession et domicile de l'aïeul maternel). (*En cas de*
décès ou d'absence, on l'indiquera comme il vient d'être dit
ci-dessus), et de N.   (*prénoms, nom, âge et profession et*
domicile de l'aïeule maternelle). (*En cas de décès ou d'absence,*
on l'indiquera comme il vient d'être dit ci-dessus), d'une part;
et N.   (*prénoms, nom, profession de la future*), née le
à   domiciliée à   mineure (*ayant moins de 21 ans*), fille
de   (*les énonciations qui s'appliquent aux parents du futur*
époux et que l'on vient de voir, s'appliquent également aux
père, mère, aïeuls et aïeules de la future), d'autre part;
ledit mineur ayant obtenu le consentement du conseil de
famille, selon délibération en date du   ; ladite mineure ayant
obtenu également le consentement du conseil de famille, selon
délibération en date du   ; lesquels nous ont requis de
procéder à la célébration du mariage projeté entre eux, et
dont les publications ont été faites en notre commune les
(*indiquer les jours, mois et an de chacune des deux publica-*
tions) (*et, dans le cas où il aurait été fait des publications*
dans d'autres communes, on l'indiquera par ces mots) : et
dans la commune (*ou* les communes) de   (*indiquer les*
noms) les mêmes jours, mois et an (*ou bien si ce ne sont*
pas les mêmes jours), les   (*quantièmes*) du mois (*ou* des
mois) de   dix-huit cent   ), sans qu'aucune opposition
nous ait été signifiée, (*s'il a été fait des publications dans*
d'autres communes, on ajoutera ces mots :) non plus qu'à
l'Officier de l'état civil de la (*ou* des) commune   susdite ainsi
qu'il résulte du (*ou* des) certificat   en date de (*indiquer*
exactement les dates). Nous nous sommes fait remettre les actes
de naissance des futurs époux, ainsi que   (*désigner les*
autres pièces et jugements ou actes de notoriété et délibération

des conseils de famille) ; lesquelles pièces, régulièrement légalisées (*pour les extraits qui ne sont pas pris dans la commune
même de la célébration*), et dûment paraphées par nous et par
la partie produisante, demeurent annexées au présent acte.
Après avoir fait lecture aux parties de ces actes et du chapitre
six du titre du mariage au Code civil, nous avons demandé au
futur époux et à la future épouse, s'ils veulent se prendre pour
mari et pour femme ; et, chacun d'eux ayant répondu séparément
et affirmativement, nous déclarons, au nom de la loi, que
N.   (*prénoms et nom du futur*), et N.   (*prénoms
et nom de la future*) sont unis par le mariage. De quoi nous
avons sur-le-champ dressé acte en présence de N.
(*prénoms, nom, âge, profession et domicile du* 1er *témoin*),
qui a déclaré être   (*indiquer la qualité de parent
ou d'allié de ce témoin, avec les époux ou l'un d'eux, de quel
côté, paternel ou maternel, et à quel degré ; et si le témoin
n'est ni parent, ni allié d'aucun des époux, on dira :* qui a
déclaré n'être ni parent, ni allié d'aucun des époux), de N.
(*mêmes énonciations pour le* 2e *témoin*), de N.   (*de même
pour le* 3e), et de N.   (*de même enfin pour le quatrième*) ;
et après que nous leur en avons donné lecture, les comparants
et témoins l'ont signé avec nous. (*Si les comparants et témoins
ne savent ou ne peuvent pas tous signer, on mettra après les
mots :* donné lecture, *ceux-ci :*) N.   N.   (*indiquer les noms
de ceux qui doivent signer et dire, pour chacun, s'il est comparant ou témoin*) ont signé avec nous, et N.   N.
(*indiquer les noms de ceux qui ne signeront pas, et dire, pour
chacun, s'il est comparant ou témoin*) ont déclaré ne savoir
signer (*ou ne pouvoir signer, avec mention, dans ce dernier cas,
de la cause accidentelle qui l'empêche de signer*).

(Suivent les signatures.)

N° XXVIII.

Formule de célébration de mariage pour un mineur (c'est-à-dire ayant moins de 21 ans) nés de parents inconnus , et une majeure ou mineure.

Voir les observations pages 93 et 111.

L'an mil huit cent   le   *(quantième)* du mois d
à   heure   *(du matin, du soir ou à midi)*, pardevant
nous (*prénoms et nom du fonctionnaire qui reçoit l'acte*)
Maire, *(si c'est l'Adjoint ou un Conseiller municipal, on dira :
Adjoint ou* Conseiller municipal, par suite de délégation, *ou de
décès, ou* d'absence, *ou* d'empêchement du Maire, *selon la
cause du remplacement,)* remplissant les fonctions d'Officier
de l'état civil de la commune d   canton d   arrondissement d   département d   ; ont comparu publiquement
dans la maison commune *(s'il n'y a pas de maison commune,
on indiquera dans quelle maison la célébration a lieu, en
ajoutant :* tenant lieu de maison commune, et dont les portes
sont restées ouvertes), N.   *(prénoms, nom, profession
du futur)*, né le   à   domicilié à   mineur *(s'il a moins de
21 ans)*, fils de parents inconnus, suivant son acte de naissance
inscrit sur le registre de la commune d   le   , autorisé
au présent mariage par N.   *(prénoms, nom, âge, profession
et domicile du tuteur)*, ici présent et consentant, tuteur ad-hoc
nommé par délibération d'un conseil de famille, tenu devant
le Juge de paix du canton d   d'une part; et N.   *(prénoms,
nom, âge, profession de la future)*, née le   domiciliée à
majeure *(si elle a plus de 21 ans)*, ou mineure *(si elle a moins)*,
fille de N.   *(prénoms, nom, âge, profession et domicile
du père de la future)*, et de N.   *(prénoms, nom, âge,
profession et domicile de sa mère)*, tous deux ici présents et
consentants, d'autre part; lesquels nous ont requis de procéder à la célébration du mariage projeté entre eux et dont les
publications ont été faites en notre commune les   *(indiquer
les jours, mois et an de chacune des deux publications), (et
dans le cas où il aurait été fait des publications dans d'autres*

communes on l'indiquera par ces mots :) et dans la commune ou les communes de   (*indiquer les noms*), les mêmes jours, mois et an (*ou bien si ce ne sont pas les mêmes jours*) les (*quantièmes*) du mois ou des mois de   dix-huit cent   ), sans qu'aucune opposition nous ait été signifiée, (*s'il a été fait des publications dans d'autres communes, on ajoutera ces mots :*) non plus qu'à l'Officier de l'état civil de la (*ou des*) commune   ainsi qu'il résulte du (*ou des*) certificat   en date de (*indiquer exactement les dates*). Nous nous sommes fait remettre les actes de naissance des futurs époux, ainsi que (*désigner les autres pièces*); lesquelles pièces, régulièrement légalisées (*pour les extraits qui ne sont pas pris dans la commune même de la célébration*) et dûment paraphées par nous et par la partie produisante, demeurent annexées au présent acte. Après avoir fait lecture aux parties de ces actes et du chapitre six du titre du mariage au Code civil, nous avons demandé au futur époux et à la future épouse, s'ils veulent se prendre pour mari et pour femme; et, chacun d'eux ayant répondu séparément et affirmativement, nous déclarons, au nom de la loi, que N.   (*prénoms et nom du futur*), et N.   (*prénoms et nom de la future*) sont unis par le mariage. De quoi nous avons sur-le-champ dressé acte en présence de N. (*prénoms, nom, âge, profession et domicile du 1er témoin*), qui a déclaré être   (*indiquer la qualité de parent ou d'allié de ce témoin, avec les époux ou l'un d'eux, de quel côté, paternel ou maternel, et à quel degré; et si le témoin n'est ni parent, ni allié d'aucun des époux, on dira :* qui a déclaré n'être ni parent, ni allié des époux), de N.   (*mêmes énonciations pour le 2e témoin*), de N.   (*de même pour le 3e*), et de N.   (*de même enfin pour le 4e*); et après que nous leur en avons donné lecture, les comparants et témoins ont signé avec nous. (*Si les comparants et témoins ne savent ou ne peuvent pas tous signer, on mettra après les mots :* donné lecture, *ceux-ci :* N   N   . (*indiquer les noms de ceux qui doivent signer et dire, pour chacun, s'il est comparant ou témoin*).

ont déclaré ne savoir signer (*ou* ne pouvoir signer, *avec mention, dans ce dernier cas, de la cause accidentelle qui l'empêche de signer*).

(Suivent les signatures.)

N° XXIX.

Formule de célébration de mariage, entre majeurs ou mineurs, pour lequel il n'a été fait qu'une publication en vertu d'une dispense.

Voir les observations aux pages 93 et 111.

L'an mil huit cent   le   (*quantième*) du mois d
à   heure   (*du matin, du soir ou à midi*), pardevant nous (*prénoms et nom du fonctionnaire qui reçoit l'acte*) Maire, (*si c'est l'Adjoint ou un Conseiller municipal, on dira :* Adjoint *ou* Conseiller municipal, par suite de délégation, *ou de décès, ou d'absence, ou d'empêchement du Maire, selon la cause du remplacement,*) remplissant les fonctions d'Officier de l'état civil de la commune d   canton d   arrondissement d   département d   ; ont comparu publiquement dans la maison commune (*s'il n'y a pas de maison commune, on indiquera dans qu'elle maison la célébration a lieu, en ajoutant :* tenant lieu de maison commune, et dont les portes sont restées ouvertes),
...   (*prénoms, nom, profession du futur*), né le   à domicilié à   majeur quant au mariage (*s'il a plus de* 25 *ans*), *ou* mineur quant au mariage, (*s'il a de* 21 *ans à* 25 *ans, ou mineur, s'il a moins de* 21 *ans*), fils de N.
(*prénoms, nom, âge, profession et domicile du père du futur*), et de N.   (*prénoms, nom, âge, profession et domicile de la mère*), tous deux ici présents et consentants, d'une part ; et N.   (*mêmes indications que pour le futur, des prénoms, nom, date et lieu de naissance, profession et domicile de la future*)

majeure (*si elle a plus de* 21 *ans*), ou mineure (*si elle a moins*),
fille de N.   et N.   (*mêmes indications pour les père et mère
de la future, que pour les père et mère du futur*), tous deux
ici présents et consentants, d'autre part ; lesquels nous ont
requis de procéder à la célébration du mariage projeté entre
eux, et dont la première publication a été faite devant la principale porte de notre maison commune, le   du mois de
l'an mil huit cent   (*si la première publication a été faite
également dans d'autres communes, on ajoutera ces mots*) :
et dans la commune (*ou les communes*) de   (*indiquer les
noms*) les mêmes jours, mois et an (*ou bien si ce ne sont pas
les mêmes jours*) les   (*quantièmes*) du mois (*ou des mois*)
de   dix-huit cent   ) ; la seconde publication n'a pas eu
lieu en vertu de la dispense délivrée par le procureur du Roi
près le tribunal de première instance de l'arrondissement de   .
Aucune opposition ne nous ayant été signifiée (*si la première
publication a été faite dans d'autres communes, on ajoutera
ces mots*) : non plus qu'à l'Officier de l'état civil de la (*ou des*)
commune   ainsi qu'il résulte du (*ou des*) certificat   en date
de   (*indiquer exactement les dates*). Nous nous sommes fait
remettre les actes de naissance des futurs époux ainsi que
l'acte de dispense mentionné ci-dessus), lesquelles pièces,
régulièrement légalisés (*la légalisation n'est pas nécessaire
pour les extraits qui sont pris dans la commune même de la
célébration*) et dûment paraphées par nous et par la partie produisante, demeurent annexées au présent acte. Après avoir fait
lecture aux parties de ces actes et du chapitre six du titre du
mariage au Code civil, nous avons demandé au futur époux et
à la future épouse, s'ils veulent se prendre pour mari et pour
femme ; et, chacun d'eux ayant répondu séparément et affirmativement, nous déclarons, au nom de la loi, que N.   (*prénoms
et nom du futur*), et N.   (*prénoms et nom de la future*),
sont unis par le mariage. De quoi nous avons sur-le-champ
dressé acte en présence de N.   (*prénoms, nom, âge, profession et domicile du 1ᵉʳ témoin*), qui a déclaré être
(*indiquer la qualité de parent ou d'allié de ce témoin, avec*

les époux ou l'un d'eux, *de quel côté, paternel ou maternel,
et à quel degré ; et si le témoin n'est ni parent, ni allié
d'aucun des époux, on dira :* qui a déclaré n'être ni parent, ni
allié des époux), de N.   (*mêmes énonciations pour le* 2ᵉ
témoin), de N.   (*de même pour le* 3ᵉ), et de N.   (*de
même enfin pour le* 4ᵉ); et après que nous leur en avons donné
lecture, les comparants et témoins l'ont signé avec nous. (*Si
les comparants ou témoins ne savent ou ne peuvent pas tous
signer, on mettra après les mots :* donné lecture, ceux-ci) :
N.   N.   (*indiquer les noms de ceux qui doivent signer et
dire, pour chacun, s'il est comparant ou témoin*), ont signé
avec nous ; et N.   N.   (*indiquer les noms de ceux qui ne
signeront pas et dire, pour chacun, s'il est comparant ou témoin*) ont déclaré ne savoir signer (*ou ne pouvoir signer, avec
mention, dans ce dernier cas, de la cause accidentelle qui
l'empêche de signer*).

(Suivent les signatures.)

Nᵒ XXX.

**Formule de célébration de mariage pour des futurs majeurs dont l'un a
adressé des actes respectueux à ses ascendants.**

Voir les observations aux pages 93 et 111.

L'an mil huit cent   le   (*quantième*) du
mois d   à   heure   (*indiquer si c'est du matin,
du soir ou à midi*), pardevant nous (*prénoms et nom du fonctionnaire qui reçoit l'acte*) Maire, (*si c'est l'Adjoint ou un
Conseiller municipal, on dira :* Adjoint   ou   Conseiller municipal par suite de délégation, *ou* de décès, *ou* d'absence
     ou   d'empêchement du Maire, *selon la cause du rem-
placement*), remplissant les fonctions d'Officier de l'état civil

de la Commune de   , canton de   , arrondissement de   , département de   ; ont comparu
publiquement dans la maison commune,   (*s'il n'y a pas de
maison commune, on indiquera dans quelle maison la célébration a lieu en ajoutant*) : tenant lieu de maison commune et
dont les portes sont restées ouvertes, N.   (*prénoms, nom,
profession du futur*), né le   à   domicilié à   majeur
quant au mariage (*s'il a plus de 25 ans*), fils de N.   (*prénoms, nom, âge, profession et domicile du père du futur*),
et de N.   (*prénoms, nom, âge, profession et domicile de
la mère*) dont le consentement a été demandé par actes respectueux notifiés par ministère de Notaire, le premier, le
du mois de   an   ; le second, fait le   du mois de
an   ; le troisième, fait le   du mois de   an   (*S'il n'y
a qu'un acte respectueux, la première mention suffit*), d'une
part; et N.   (*prénoms, nom, profession de la future*), née
le   à   domiciliée à   majeure (*ayant plus de 21 ans*), fille de
N   (*prénoms, nom, âge, profession et domicile du père de
la future*), et de N.   (*prénoms, nom, âge, profession et
demeure de la mère*), ici présents et consentants (*ou bien
s'ils ne sont pas présents et qu'ils aient donné leur consentement authentique, on dira*: consentants par acte authentique*),
d'autre part; lesquels nous ont requis de procéder à la célébration du mariage projeté entre eux, et dont les publications
ont été faites en notre commune les   (*indiquer les
jours, mois et an de chacune des deux publications*) (*et dans
le cas où il aurait été fait des publications dans d'autres com
munes, on l'indiquera par ces mots*) : et dans la commune (*ou les
communes*) de   (*indiquer les noms*), les mêmes jours,
mois et an (*ou bien si ce ne sont pas les mêmes jours*) les
(*quantièmes*) du mois (*ou des mois*) de   dix-huit cent   ),
sans qu'aucune opposition nous ait été signifiée (*s'il a été
fait des publications dans d'autres communes, on ajoutera ces
mots*:) non plus qu'à l'Officier de l'état civil de la (*ou des*) commune   susdite   ainsi qu'il résulte du (*ou des*) certificat   en
date de   (*indiquer exactement les dates*). Nous nous

sommes fait remettre les actes de naissance des futurs époux, ainsi que   (*désigner les autres pièces*) ; lesquelles pièces, régulièrement légalisées (*pour les extraits qui ne sont pas pris dans la commune même de la célébration*) et dûment paraphées par nous et par la partie produisante, demeurent annexées au présent acte. Après avoir fait lecture aux parties de ces actes et du chapitre six du titre du mariage au Code civil, nous avons demandé au futur époux et à la future épouse s'ils veulent se prendre pour mari et pour femme ; et, chacun d'eux ayant répondu séparément et affirmativement, nous déclarons, au nom de la loi, que N.   (*prénoms et nom du futur*) et N.   (*prénoms et nom de la future*) sont unis par le mariage, de quoi nous avons sur-le-champ dressé acte en présence de N.   (*prénoms, nom, âge, profession et domicile du 1er témoin*), qui a déclaré être   (*indiquer la qualité de parent ou d'allié de ce témoin avec les époux ou l'un d'eux, de quel côté, paternel ou maternel, et à quel degré ; et si le témoin n'est ni parent, ni allié d'aucun des époux, on dira : qui a déclaré n'être ni parent, ni allié des époux*), de N. (*mêmes énonciations pour le 2e témoin*), de N.   (*de même pour le 3e*), et de N.   (*de même enfin pour le 4e*) ; et après que nous leur en avons donné lecture, les comparants et témoins l'ont signé avec nous. (*Si les comparants et témoins ne savent ou ne peuvent pas tous signer, on mettra après les mots :* donné lecture, *ceux-ci :*) N.   N.   (*indiquer les noms de ceux qui doivent signer et dire, pour chacun, s'il est comparant ou témoin*), ont signé avec nous, et N.   N.   (*indiquer les noms de ceux qui ne signeront pas, et dire, pour chacun, s'il est comparant ou témoin*) ont déclaré ne savoir signer (*ou ne pouvoir signer, avec mention, dans ce dernier cas, de la cause accidentelle qui l'empêche de signer*).

(Suivent les signatures.)

N° XXXI.

Formule d'acte de mariage entre majeurs ou mineurs à la célébration duquel sera survenu quelque opposition dont main-levée aura été obtenue, soit par consentement, soit par jugement.

L'an mil huit cent   le   (*quantième*) du mois de
à   heure   (*du matin, du soir, ou à midi*), pardevant
nous (*prénoms et nom du fonctionnaire qui reçoit l'acte*), Maire
(*si c'est l'Adjoint ou un Conseiller municipal, on dira :* Adjoint
ou Conseiller municipal, par suite de délégation, *ou de décès,
ou d'absence, ou d'empêchement du Maire, selon la cause du
remplacement*), remplissant les fonctions d'Officier de l'état
civil de la Commune de   , canton de   , arrondissement
de   , département de   ; ont comparu publiquement dans
la maison commune (*s'il n'y a pas de maison commune, on
indiquera dans quelle maison la célébration a eu lieu, en ajoutant :* tenant lieu de maison commune, et dont les portes sont
restées ouvertes) N   (*prénoms, nom, profession du futur*),
né le   à   domicilié à   majeur quant au mariage (*s'il
a plus de 25 ans*), *ou* mineur quant au mariage (*s'il a de 21
ans à 25 ans*), *ou* mineur (*s'il a moins de 21 ans*), fils de
N.   (*prénoms, nom, âge, profession et domicile du père
du futur*), et de N.   (*prénoms, nom, âge, profession et
domicile de sa mère*), tous deux ici présents et consentants,
d'une part; et N.   (*mêmes indications que pour le futur,
des prénoms, nom, date et lieu de naissance, profession et domicile de la future*), majeure (*si elle a plus de 21 ans*), *ou*
mineure (*si elle a moins*), fille de N   et N.   (*mêmes
indications pour les père et mère de la future, que pour
les père et mère du futur*), tous deux ici présents et consentants, d'autre part; lesquels nous ont requis de procéder
à la célébration du mariage projeté entre eux, et dont les
publications ont été faites en notre commune les   (*indiquer
les jours, mois et an de chacune des deux publications*) (*et
dans le cas où il aurait été fait des publications dans d'autres
communes, on l'indiquera par ces mots :* et dans la commune

(*ou* les communes) de   (*indiquer les noms*), les mêmes jours , mois et an (*ou bien si ce ne sont pas les mêmes jours*) les   (*quantièmes*) du mois (*ou* des mois) de   dix-huit cent   ). L'opposition (*ou* les oppositions) audit mariage , qui nous avait été signifiée   le (*ou les*)   au nom de N.   (*prénoms , nom, profession et domicile de l'opposant*), se trouvant levée par acte , en date du   (*ou , si l'opposition a été levée par jugement, on dira* : se trouve levée par jugement du tribunal de   , notifié à nous le   ; et aucune autre opposition ne nous ayant été signifiée (*s'il a été fait des publications dans d'autres communes que celle de la célébration, on ajoutera ces mots*) : non plus qu'à l'Officier de l'état civil de (*ou* des) commune susdite   ainsi qu'il résulte du (*ou* des) certificat   en date de   (*indiquer exactement les dates*). Nous nous sommes fait remettre les actes de naissance des futurs époux , ainsi que (*désigner les autres pièces*) ; lesquelles pièces , régulièrement légalisées (*pour les extraits qui ne sont pas pris dans la commune même de la célébration*) et dûment paraphées par nous et par la partie produisante , demeurent annexées au présent acte. Après avoir fait lecture aux parties de ces actes , et du chapitre six du titre du mariage au Code civil , nous avons demandé au futur époux et à la future épouse , s'ils veulent se prendre pour mari et pour femme ; et , chacun d'eux ayant répondu séparément et affirmativement , nous déclarons , au nom de la loi , que N.   (*prénoms et nom du futur*) et N.   (*prénoms et nom de la future*), sont unis par le mariage. De quoi nous avons sur-le-champ dressé acte , en présence de N.   (*prénoms , nom , âge , profession et domicile du 1ᵉʳ témoin*), qui a déclaré être   (*indiquer la qualité de parent ou d'allié de ce témoin, avec les époux ou l'un d'eux, de quel côté, paternel ou maternel, et à quel degré ; et si le témoin n'est ni parent , ni allié d'aucun des époux, on dira* : qui a déclaré n'être parent, ni allié des époux) ; de N. (*mêmes énonciations pour le 2ᵉ témoin*) ; de N.   (*de même pour le 3ᵉ*) ; et de N.   (*de même enfin pour le 4ᵉ*) ; et après que nous leur en avons donné lecture, les comparants et témoins l'ont signé avec nous. (*Si les comparants et témoins ne savent ou ne peuvent pas tous signer, on mettra après les mots :* donné lecture, ceux-ci) : N.   N.   (*indiquer les noms de ceux qui doivent signer et dire, pour chacun, s'il est comparant ou témoin*), ont signé avec nous, et N.

N.   (*indiquer les noms de ceux qui ne signeront pas, et dire, pour chacun, s'il est comparant ou témoin*) ont déclaré ne savoir signer (*ou ne pouvoir signer, avec mention, dans ce dernier cas, de la cause accidentelle qui l'empêche de signer*).

(Suivent les signatures.)

N° XXXII.

Formule d'acte de mariage à la suite duquel est faite la reconnaissance d'enfants nés précédemment.

Voir les observations aux pages 93 et 111.

L'an mil huit cent   le   (*comme dans les formules précédentes*); ont comparu etc.,   (*mettre les énonciations ordinaires comme dans les formules précédentes, et selon les espèces auxquelles elles s'appliquent*);   (*après les mots :* sont unis par le mariage, *on mentionnera*) : Lesdits époux nous ont déclaré qu'il est né d'eux un (*ou des*) enfant incrit sur les registres de l'état civil de la   (*ou des*) commune   d   canton d   arrondissement d   département d   (*ou de cette commune, si l'enfant est né dans le lieu où le mariage est célébré*), sous le (*ou les*) prénom   d   (*prénoms de chaque enfant*), le (*ou les*)   (*date de l'acte de naissance de chaque enfant*), qu'ils reconnaissent pour leur fils (*ou fille*). De quoi nous avons sur-le-champ dressé acte en présence de N   (*prénoms, nom, âge, profession et domicile du 1ᵉʳ témoin*), qui a délaré être (*indiquer la qualité de parent ou d'allié de ce témoin, avec*) les époux ou l'un d'eux, de quel côté, *paternel ou maternel*, *et à quel degré; et si le témoin n'est ni parent, ni allié d'aucun des époux, on dira* : qui a déclaré n'être parent, ni allié des époux); de N.   (*mêmes énonciations pour le 2ᵉ témoin); de* N.   (*de même pour le 3ᵉ); et de* N.   (*de même enfin pour le 4ᵉ*); et après que nous leur en avons donné lecture, les comparants et témoins l'ont signé avec nous. (*Si les comparants et témoins ne savent ou ne peuvent pas tous signer, on mettra après les mots* : donné lecture, ceux-ci) : N.   N.   (*indiquer les noms de ceux qui doivent signer c' dire, pour chacun, s'il est comparant ou témoin*), ont signé avec nous, et N.   N.   (*indiquer les noms de ceux qui ne signeront pas, et dire, pour chacun, s'il est comparant ou témoin*) ont déclaré ne savoir signer (*ou* ne pouvoir signer, *avec mention, dans ce dernier cas, de la cause accidentelle qui l'empêche de signer*)

(Suivent les signatures.)

Nº XXXIII.

Formule d'acte de mariage entre majeurs ou mineurs, contracté avec dispense de degré.

Voir les observations aux pages 93 et 111.

L'an mil huit cent   le   (*quantième*) du mois d à   heure   (*du matin, du soir ou à midi*), pardevant nous (*prénoms et nom du fonctionnaire qui reçoit l'acte*), Maire (*si c'est l'Adjoint ou un Conseiller municipal, on dira* : Adjoint ou Conseiller municipal, *par suite de délégation, ou de décès, ou d'absence, ou d'empêchement du Maire, selon la cause du remplacement*), remplissant les fonctions d'Officier de l'état civil de la commune d   canton d   arrondissement d   département d   ; ont comparu publiquement dans la maison commune (*s'il n'y a pas de maison commune, on indiquera dans quelle maison la célébration a lieu, en ajoutant :* tenant lieu de maison commune , et dont les portes sont restées ouvertes) N.   (*prénoms, nom, profession du futur*), né le   à   domicilié à   , majeur quant au mariage (*s'il a plus de 25 ans*), *ou* mineur quant au mariage (*s'il a de 21 à 25 ans*) , *ou* mineur (*s'il a moins de 21 ans*), fils de N. (*prénoms, nom, âge, profession et domicile du père du futur*), et de N.   (*prénoms, nom, âge, profession et domicile de sa mère*), tous deux ici présents et consentants, d'une part ; et N.   (*mêmes indications que pour le futur, des prénoms, nom, date et lieu de naissance, profession et domicile de la future*), majeure (*si elle a plus de 21 ans*), *ou* mineure (*si elle a moins*), fille de N.   et N.   (*mêmes indications pour les père et mère de la future, que pour les père et mère du futur*), tous deux ici présents et consentants, d'autre part ; lesquels, autorisés à contracter mariage ensemble en vertu de lettres de dispenses de   (*parenté ou alliance*), enregistrées au greffe du tribunal civil de   (*désigner le tribunal*), nous ont requis de procéder à la célébration de ce mariage projeté entre eux et dont les publications ont été faites en notre commune les   (*indiquer les jours, mois et an de chacune des deux publications*) ; (*et dans le cas où il aurait été fait des publications dans d'autres communes , on l'indiquera par ces mots :* et dans la commune (*ou les communes*) de   (*indiquer les noms*) les mêmes jours, mois et an (*ou bien si ce ne sont pas les mêmes jours*), les   (*quantièmes*) du mois (*ou des mois*) de   dix-huit cent   ), sans qu'aucune opposition nous ait été signifiée (*s'il a été fait des publications dans d'autres communes, on ajoutera ces mots*) : non plus qu'à l'Officier de l'état civil de la (*ou des*) commune   , ainsi qu'il résulte de (*ou des*) certificat   en date de   (*indiquer exactement les dates*). Nous nous sommes fait remettre les actes de naissance des futurs époux, ainsi que les lettres de dispenses délivrées au greffe du tribunal ci-dessus mentionné ; lesquelles pièces , régulièrement légalisées (*pour les extraits qui ne sont pas pris dans la commune même de la célébration*) et dûment paraphées par nous et par la partie produisante, demeurent annexées au présent acte. Après avoir fait lecture aux parties de ces actes et du chapitre six du titre du mariage du Code civil, nous avons demandé au futur époux et à la future épouse, s'ils veulent se prendre pour mari et pour femme; et, chacun d'eux ayant répondu séparément et affirmativement, nous déclarons, au nom de la loi, que N. (*prénoms et nom du futur*), et N. (*prénoms et nom de la future*) sont unis par le mariage. De quoi nous avons sur-le-champ dressé acte en présence de N. (*prénoms, nom, âge, profession et domicile du* 1er *témoin*), qui a déclaré être (*indiquer la qualité de parent ou d'allié de ce témoin avec les époux ou l'un d'eux, de quel côté, paternel ou maternel, et à quel degré; et si le témoin n'est ni parent, ni allié d'aucun des époux, on dira :* qui a déclaré n'être parent, ni allié des époux); de N. (*mêmes énonciations pour le* 2e *témoin*); de N. (*de même pour le* 3e); et de N. (*de même enfin pour le* 4e); et après que nous leur en avons donné lecture, les comparants et témoins l'ont signé avec nous. (*Si les comparants et témoin ne savent ou ne peuvent pas tous signer, on mettra après les mots :* donné lecture, *ceux-ci*) : N. N. (*indiquer les noms de ceux qui doivent signer et dire pour chacun s'il est comparant ou témoin*) ont signé avec nous; et N. N. (*indiquer les noms de ceux qui ne signeront pas, et dire, pour chacun, s'il est comparant ou témoin*), ont déclaré ne savoir signer (*ou* ne pouvoir signer, *avec mention dans ce dernier cas, de la cause accidentelle qui l'empêche de signer*).

(Suivent les signatures).

N° XXXIV.

Formule d'acte de mariage d'un militaire.

Voir les observations aux pages 93 et 111.

L'an   etc.,   (*comme dans les formules précédentes*); ont comparu publiquement dans la maison commune, (*s'il n'y a pas de maison commune, on indiquera dans quelle maison la célébration a lieu, en ajoutant :* tenant lieu de maison commune, et dont les portes sont restées ouvertes, N.   (*prénoms, nom, profession du futur*), né le   à   domicilié à   , majeur quant au mariage (*s'il a plus de 25 ans*), *ou* mineur quant au mariage (*s'il a de 21 à 25 ans*), *ou* mineur (*s'il a moins de 21 ans*), fils de N.   (*prénoms, nom, âge, profession et domicile du père du futur*), et de N.   (*prénoms, nom, âge, profession et domicile de sa mère*), tous deux ici présents et consentants, d'une part; et N.   (*mêmes indications que pour le futur, des prénoms, nom, date et lieu de naissance, profession et domicile de la future*), majeure (*si elle a plus de 21 ans*), *ou* mineure (*si elle a moins*), fille de N.   et N.   (*mêmes indications, pour les père et mère de la future, que pour les père et mère du futur*), tous deux ici présents et consentants, d'autre part; lesquels nous ont requis de procéder à la célébration du mariage projeté entre eux, pour lequel le futur époux a obtenu la permission par écrit d   (*indiquer si c'est du Ministre de la guerre ou de toute autre autorité compétente*), et dont les publications ont été faites en notre commune les   (*indiquer les jour, mois et an de chacune des deux publications*), et dans le cas où il aurait été fait des publications dans d'autres communes, on l'indiquera par ces mots :* et dans la commune (*ou* les communes) de   (*indiquer les noms*), les mêmes jours, mois et an (*ou bien si ce ne sont pas les mêmes jours*), les   (*quantièmes*) du mois (*ou des mois*) de   dix-huit cent   ), sans qu'aucune opposition nous ait été signifiée (*s'il a été fait des publications dans d'autres communes, on ajoutera ces mots*): non plus qu'à l'Officier de l'état-civil de la (*ou des*) commune ainsi qu'il résulte du (*ou des*) certificat en date de (*indiquer exactement les dates*). Nous nous sommes fait remettre les actes de naissance des futurs époux, ainsi que la permission de mariage accordé au futur ; lesquelles pièces, régulièrement légalisées et dûment paraphées par nous et par la partie produisante, demeurent annexées au présent acte. Après avoir fait lecture aux parties de ces actes et du chapitre six du titre du mariage au Code civil, nous avons demandé au futur époux et à la future épouse s'ils veulent se prendre pour mari et pour femme ; et, chacun d'eux ayant répondu séparément et affirmativement, nous déclarons, au nom de la loi, que N. (*prénoms et nom du futur*), et N. (*prénoms et nom de la future*), sont unis par le mariage. De quoi nous avons sur-le-champ dressé acte en présence de N. (*prénoms, nom, âge, profession et domicile du 1er témoin*), qui a déclaré être (*indiquer la qualité de parent ou d'allié de ce témoin, avec les époux ou l'un d'eux, de quel côté, paternel ou maternel, et à quel degré ; et si le témoin n'est ni parent, ni allié d'aucun des époux, on dira :* qui a déclaré n'être parent, ni allié des époux) ; de N. (*mêmes énonciations pour le 2e témoin*) ; de N. (*de même pour le 3e*) ; et de N. (*de même enfin pour le 4e*) ; et après que nous leur en avons donné lecture, les comparants et témoins l'ont signé avec nous. (*Si tous les comparants et témoins ne savent ou ne peuvent pas tous signer, on mettra après les mots :* donné lecture, *ceux-ci*) : N. N. (*indiquer les noms de ceux qui doivent signer et dire, pour chacun, s'il est comparant ou témoin*) ont signé avec nous, et N. N. (*indiquer les noms de ceux qui ne signeront pas et dire, pour chacun, s'il est comparant ou témoin*) ont déclaré ne savoir signer (*ou ne pouvoir signer, avec mention, dans ce dernier cas, de la cause accidentelle qui l'empêche de signer*).

(Suivent les signatures.)

N° XXXV.

Formule d'acte de mariage, pour des étrangers.

L'an mil huit cent   (*comme dans les formules précédentes*); ont comparu publiquement dans la maison commune (*s'il
n'y a pas de maison commune, on indiquera dans quelle
maison la célébration a lieu, en ajoutant :* tenant lieu de
maison commune, et dont les portes sont restées ouvertes),
N.   (*prénoms, nom, profession du futur*), né le   (*date
de la naissance*), à   (*lieu du domicile du futur*), majeur
quant au mariage (*s'il a plus de* 25 *ans*), *ou* mineur, quant
au mariage (*s'il a de* 21 *ans à* 25 *ans*), *ou* mineur (*s'il a moins
de* 21 *ans*), fils de N.   (*prénoms, nom, âge, profession
et domicile du père du futur*), et de N.   (*prénoms, nom,
âge, profession et domicile de sa mère*), tous deux ici présents
et consentents, d'une part; et N.   (*mêmes indications que
pour le future, des prénoms, nom date et lieu de naissance,
profession et domicile de la future*), majeure (*si elle a plus de*
21 *ans*), *ou* mineure (*si elle a moins*) fille de N.   et N.
(*mêmes indications, pour les père et mère de la future, que
pour les père et mère du futur*), tous deux ici présents et consentants, d'autre part; lesquels nous ont requis de procéder
à la célébration du mariage projeté entre eux, mariage que le
futur époux (*ou* la future épouse) a justifié par un certificat
des autorités de   (*indiquer le lieu d'où vient originairement
le certificat,* lieu de sa naissance *ou* de son domicile dans sa
patrie), être apte, d'après les lois qui régissent sa capacité, à
contracter avec la personne qu'il (*ou* elle) se propose d'épouser
et dont les publications ont été faites en notre commune,
les   (*indiquer les jours, mois et an de chacune des deux
publications*), (*et dans le cas où il aurait été fait des publications dans d'autres communes, on l'indiquera par ces mots :*)
et dans la commune ou les communes de   (*indiquer les
noms*), les mêmes jours, mois et an (*ou bien si ce ne sont pas
les mêmes jours*) les   (*quantièmes*) du mois *ou* des mois

20

de   dix-huit cent   sans qu'aucune opposition nous ait été signifiée, (*s'il a été fait des publications dans d'autres communes, on ajoutera ces mots:*) non plus qu'à l'Officier de l'état civil de la (*ou des*) commune   susdit...., ainsi qu'il résulte du (*ou des*) certificat   en date de   (*indiquer exactement les dates*). Nous nous sommes fait remettre les actes de naissance des futurs époux, ainsi que le certificats d'aptitude et (*indiquer les autres pièces s'il y en a*); lesquelles pièces, régulièrement légalisées (*la légalisation n'est pas nécessaire pour les extraits qui sont pris dans la commune même de la célébration*) et dûment paraphées par nous et par la partie produisante, demeurent annexées au présent acte. Après avoir fait lecture aux parties de ces actes et du chapitre six du titre du mariage au Code civil, nous avons demandé au futur époux et à la future épouse, s'ils veulent se prendre pour mari et pour femme; et, chacun d'eux ayant répondu séparément et affirmativement, nous déclarons, au nom de la loi, que N.   (*prénoms et nom du futur*), et N.   (*prénoms et nom de la future*) sont unis par le mariage. De quoi nous avons sur-le-champ dressé acte en présence de N.   (*prénoms, nom, âge, profession et domicile du 1ᵉʳ témoin*), qui a déclaré être (*indiquer la qualité de parent ou d'allié de ce témoin, avec les époux ou l'un d'eux, de quel côté, paternel ou maternel, et à quel degré; et si le témoin n'est ni parent, ni allié d'aucun des époux, on dira :* qui a déclaré n'être ni parent, ni allié des époux), de N.   (*mêmes énonciations pour le 2ᵉ témoin*), de N.   (*de même pour le 3ᵉ*), et de N.   (*de même enfin pour le 4ᵉ*); et après que nous leur en avons donné lecture, les comparants et témoins l'ont signé avec nous. (*Si les comparants et témoins ne savent ou ne peuvent pas tous signer, on mettra après les mots :* donné lecture, *ceux-ci*): N
N   (*indiquer les noms de ceux qui doivent signer et dire, pour chacun, s'il est comparant ou témoin*), ont signé avec nous, et N   N   (*indiquer les noms de ceux qui ne signeront pas, et dire, pour chacun; s'il est comparant ou témoin*

ont déclaré ne savoir signer (*ou* ne pouvoir signer, *avec mention, dans ce dernier cas, de la cause accidentelle qui l'empêche de signer*).

(Suivent les signatures.)

N° XXXVI.

Formule d'acte de mariage pour un des futurs qui supplée à son acte de naissance par un acte de notoriété.

Voir les observations pages 93 et 111.

L'an mil huit cent le du mois d à heure (*du matin, du soir ou à midi*), pardevant nous (*prénoms et nom du fonctionnaire qui reçoit l'acte*) Maire, (*si c'est l'Adjoint ou un Conseiller municipal, on dira :* Adjoint *ou* Conseiller municipal, par suite de délégation, *ou* de décès, *ou* d'absence, *ou* d'empêchement du Maire, *selon la cause du remplacement,*) remplissant les fonctions d'Officier de l'état civil de la commune d canton d arrondissement d département d ; ont comparu publiquement dans la maison commune (*s'il n'y a pas de maison commune, on indiquera dans qu'elle maison la célébration a lieu, en ajoutant :* tenant lieu de maison commune, et dont les portes sont restées ouvertes). N. (*prénoms, nom, profession du futur*), né vers le (*indiquer l'époque telle qu'elle est déclarée dans l'acte de notoriété*), domicilié à , majeur quant au mariage, (*s'il a plus de 25 ans*), *ou* mineur quant au mariage, (*s'il a de 21 à 25 ans*), *ou* mineur (*s'il a moins de 21 ans*), fils de N. (*prénoms, nom, âge, profession et domicile du père du futur*), et de N. (*prénoms, nom, âge, profession et domicile de sa mère*), tous deux ici présents et consentants, d'une part ; et N. (*mêmes indications que pour le futur, des prénoms, nom,*

date et lieu de naissance, profession et domicile de la future)
majeure (*si elle a plus de* 21 *ans*), *ou* mineure (*si elle a moins*),
fille de N.   et N.   (*mêmes indications pour les père et mère
de la future, que pour les père et mère du futur*), tous deux
ici présents et consentants, d'autre part ; lesquels nous ont
requis de procéder à la célébration du mariage projeté entre
eux, et dont les publications ont été faites en notre commune,
les   (*indiquer les jours, mois et an de chacune des deux
publications*), (*et dans le cas où il aurait été fait des publications dans d'autres communes, on l'indiquera par ces mots*) : et
dans la commune (*ou* les communes) de   (*indiquer les noms*)
les mêmes jours, mois et an (*ou bien si ce ne sont pas les
mêmes jours*) les   (*quantièmes*) du mois (*ou des mois*)
de   dix-huit cent   ), sans qu'aucune opposition nous ait
été signifiée (*s'il a été fait des publications dans d'autres communes, on ajoutera ces mots*) : non plus qu'à l'Officier de l'état
civil de la (*ou* des) commune   susdite   , ainsi qu'il résulte
du (*ou* des) certificat   en date de   (*indiquer exactement les
dates*). Nous nous sommes fait remettre par le futur époux,
qui est dans l'impossibilité de se procurer son acte de naissance
et pour le suppléer, l'expédition du jugement du tribunal de
première instance de   (*désigner le tribunal*), portant ho-
mologation de l'acte de notoriété dressé devant le Juge de paix
du canton de   (*indiquer le canton*), ainsi que
l'acte de naissance de la future et. . . . .   (*désigne
les autres pièces s'il y en a*); lesquelles pièces régulièrement légalisées (*les extraits pris dans la commune mêm
de la célébration, n'ont pas besoin d'être revêtus de cette
formalité*) et dûment paraphées par nous et par la partie
produisante, demeurent annexées au présent acte. Après avoir
fait lecture aux parties de ces actes et du chapitre six du titre
du mariage au Code civil, nous avons demandé au futur époux
et à la future épouse, s'ils veulent se prendre pour mari et pour
femme ; et, chacun d'eux ayant répondu séparément et affirmativement, nous déclarons, au nom de la loi, que N.   (*prénoms

et nom du futur), et N.   (*prénoms et nom de la future*),
sont unis par le mariage. De quoi nous avons sur-le-champ
dressé acte en présence de N.   (*prénoms, nom, âge, profession et domicile du 1er témoin*), qui a déclaré être
(*indiquer la qualité de parent ou d'allié de ce témoin, avec
les époux ou l'un d'eux, de quel côté, paternel ou maternel,
et à quel degré ; et si le témoin n'est ni parent, ni allié
d'aucun des époux, on dira : qui a déclaré n'être ni parent, ni
allié des époux*), de N.   (*mêmes énonciations pour le 2e
témoin*), de N.   (*de même pour le 3e*), et de N.   (*de
même enfin pour le 4e*); et après que nous leur en avons donné
lecture, les comparants et témoins l'ont signé avec nous. (*Si
les comparants ou témoins ne savent ou ne peuvent pas tous
signer, on mettra après les mots : donné lecture, ceux-ci*) :
N.   N.   (*indiquer les noms de ceux qui doivent signer et
dire, pour chacun, s'il est comparant ou témoin*), ont signé
avec nous ; et N.   N.   (*indiquer les noms de ceux qui ne
signeront pas et dire, pour chacun, s'il est comparant ou témoin*) ont déclaré ne savoir signer (*ou ne pouvoir signer, avec
mention, dans ce dernier cas, de la cause accidentelle qui
l'empêche de signer*).

(Suivent les signatures.)

N° XXXVII.

Certificat pour la cérémonie religieuse.

Nous   (*nom du fonctionnaire*), Maire   (*ou Adjoint, ou
Conseiller municipal*), remplissant les fonctions d'Officier de
l'état civil de la commune de   , certifions à tous ceux qu'il
appartiendra, que N.   N.   (*prénoms, noms, professions,
âges et domiciles des époux*), ont contracté mariage entre eux,

devant nous, en notre maison commune de   (ou la maison
de   tenant lieu de maison commune). En foi de quoi nous
leur avons délivré le présent pour servir et valoir ce que de droit.

Fait en la mairie de   le

(Suit la signature)

N° XXXVIII.

Acte de décès dans un cas ordinaire.

NOTA. — La loi défend, en cas de mort violente,
d'exécution à mort ou de décès dans une prison, maison
de réclusion ou dépôt de mendicité, d'en faire mention
dans l'acte; ainsi, il ne peut y avoir pour ces décès,
comme en cas de mort naturelle, qu'une seule et même
formule.

L'an mil huit cent   le   (*quantième*) du mois de
à   heure   (*indiquer si c'est du matin, du soir ou à midi*),
pardevant nous (*prénoms et nom du fonctionnaire qui reçoit
l'acte*) Maire (*si c'est l'Adjoint ou un Conseiller municipal, on
dira :* Adjoint *ou* Conseiller municipal, par suite de délégation, *ou* de décès, *ou* d'absence, *ou* d'empêchement du Maire,
selon la cause du remplacement), remplissant les fonctions
d'Officier de l'état civil de la Commune de   , canton de   ,
arrondissement de   , département de   ; ont comparu
N.   (*prénoms, nom, âge, profession et domicile du 1er témoin*)
et N.   (*mêmes indications pour le 2e*), le premier voisin
(*ou désignation de la parenté de ce témoin avec la personne
défunte et à quel degré*), et le second   (*mêmes indications*)
(*et si les deux témoins ont la même qualité, on dira :* tous
deux voisins *ou indication du degré de parenté*) *avec la personne
défunte :* lesquels nous ont déclaré que N.   (*prénoms, nom,*

âge, profession et domicile de la personne décédée) (ici l'on ajoutera, autant qu'on pourra le faire, né (ou née) à (indication du lieu de naissance de cette personne), célibataire *(si la personne défunte n'était pas mariée et qu'elle n'eut pas atteint l'âge auquel le mariage est permis)*, (époux *ou* épouse, veuf *ou* veuve, *si la personne défunte était ou a été mariée)*, de N. *(prénoms, nom, âge, s'il y a lieu, profession et domicile de son conjoint, —puis on dira, autant qu'on pourra le savoir :* fils (ou fille) de N. et de N. *(prénoms, noms, âges, profession et domicile des père et mère de la personne décédée)*, est décédée en cette commune le du présent mois (*ou* du mois dernier) à heure du (*matin ou du soir, ou à midi ou à minuit*), dans son domicile, *ou bien par exemple : dans* la maison du sieur.... (*ou* du sieur l'un des comparants, *ou* au collége de , ou en la maison d'institution du sieur *(si les comparants l'indiquent)*, ou au séminaire de). De quoi nous avons aussitôt dressé le présent acte; et après que nous leur en avons donné lecture, les comparants l'ont signé avec nous. (*Si les comparants ne savent ou ne peuvent pas tous signer, on mettra après les mots :* donné lecture du présent acte, ceux-ci : N. (*indiquer les noms de celui qui doit signer)*, a signé avec nous, et N. (*indiquer les noms de celui qui ne signera pas, et ajouter : comparant)* a déclaré ne savoir signer (*ou* ne pouvoir signer, *avec mention, dans ce dernier cas, de la cause accidentelle qui l'empêche de signer)*.

(Suivent les signatures.)

N° XXXIX.

Acte de décès pour une personne inconnue.

L'an mil huit cent, etc. (*comme en la formule précédente n° 38)*, ont comparu N. (*prénoms, nom, âge, profession et domicile du 1ᵉʳ témoin)*, et N. (*mêmes indications pour le 2ᵉ*); lesquels nous ont déclaré qu'un individu à eux inconnu, du sexe (*masculin ou féminin*) paraissant âgé de (*indiquer le signalement, puis désigner les vêtements, ainsi que les papiers qui ont pu être trouvés sur lui ; si son linge est marqué, l'indiquer*), est décédé ou a été trouvé mort le à l'heure de à (*indiquer le lieu de décès*). De quoi nous avons aussitôt dressé le présent acte ; et après que nous leur en avons donné lecture, les comparants l'ont signé avec nous. (*Si les comparants ne savent ou ne peuvent pas tous signer, on mettra après les mots :* donné lecture, ceux-ci : N. (*indiquer les noms de celui qui doit signer en ajoutant : comparant*), a signé avec nous, et N. (*indiquer les noms de celui qui ne signera pas, et ajouter : comparant*) a déclaré ne savoir signer (*ou* ne pouvoir signer, *avec mention, dans ce dernier cas, de la cause accidentelle qui l'empêche de signer*).

(Suivent les signatures.)

Nº XL.

Acte de présentation d'un enfant sans vie.

L'an mil huit cent (*comme dans les formules précédentes nᵒˢ 38 et 39*); ont comparu N. (*prénoms, nom, âge, profession et domicile du 1ᵉʳ témoin*) et N. (*mêmes indications pour le 2ᵉ*), lesquels nous ont présenté un enfant sans vie du sexe (*masculin ou féminin*), qu'ils nous ont déclaré être sorti du sein de N. (*prénoms, nom, âge, profession et domicile de la mère de l'enfant, et si elle est mariée ou veuve, on ajoutera :* épouse (*ou* veuve) de N. (*prénoms, nom, âge, profession et domicile du mari de cette femme*), le (*quantième du mois*) du présent mois (*ou du mois dernier*) à heure du (*matin ou soir, ou à midi ou minuit*), en cette commune, dans.

le domicile de   . De quoi nous avons aussitôt dressé le présent acte ; et après que nous leur en avons donné lecture, les
comparants l'on signé avec nous. (*Si les comparants ne savent
ou ne peuvent pas tous signer, on mettra après les mots :*
donné lecture, ceux-ci) : **N.**   (*indiquer les noms de celui*
qui doit signer et dire : a signé avec nous, et **N.**   (*indiquer*
les noms de celui qui ne signera pas, et dire : a déclaré ne
savoir signer (*ou* ne pouvoir signer, *avec mention, dans ce*
dernier cas, de la cause accidentelle qui l'empêche de signer).

(Suivent les signatures.)

N° XLI.

**Transcription d'un acte de décès reçu dans une autre commune et en-
voyé à l'Officier de l'état civil.**

Cette transcription n'a lieu que dans les cas déterminés par la loi.

Voir à cet effet les n°' 260, 261 et 262, page 75.

L'an mil huit cent   le   (*quantième*) du mois de
à   heure   (*indiquer si c'est du matin, du soir ou à*
midi), pardevant nous (*prénoms et nom du fonctionnaire qui*
reçoit l'acte), Maire (*si c'est l'Adjoint ou un Conseiller munici-*
pal, on dira : Adjoint   *ou*   Conseiller municipal, par suite
de délégation, *ou* de décès, *ou* d'absence, *ou* d'empêchement
du Maire, *selon la cause du remplacement*), remplissant les
fonctions d'Officier de l'état civil de la commune de   ,
canton de   , arrondissement de   , département de   ,
avons procédé à la transcription de l'acte de décès, dont suit
la teneur, qui nous a été transmis par M. le Maire de   ,

département de   , et qui nous est parvenu aujourd'hui. (*Suit copie entière de l'acte, des signatures et des légalisations dont il est revêtu, puis ajouter*): nous certifions exacte la transcription ci-dessus.

(Suit la signature du Maire.)

N° XLII.

Transcription d'un jugement de rectification.

L'an mil huit cent   le   (*quantième*) du mois de   à   heure   (*indiquer si c'est du matin, du soir ou à midi*), par-devant nous (*prénoms et nom du fonctionnaire qui reçoit l'acte*), Maire (*si c'est l'Adjoint ou un Conseiller municipal, on dira : Adjoint ou Conseiller municipal, par suite de délégation, ou de décès, ou d'absence, ou d'empêchement du Maire, selon la cause du remplacement*, remplissant les fonctions d'Officier de l'état civil de la commune de   canton de   arrondissement de   département de   ; a comparu le sieur   (*indiquer ici les nom, prénoms, âge et qualité du déclarant*), lequel nous a remis une expédition du jugement rendu, le   par le tribunal civil de l'arrondissement de   portant rectification de l'acte de naissance du comparant, inscrit sur les registres de la présente commune, à la date du   et il nous a requis de procéder à la transcription dudit jugement. Nous, Officier de l'état-civil, faisant droit à cette réquisition, avons immédiatement transcrit ce jugement, dont la teneur suit : (*on copie ici le jugement et toutes les mentions dont il est revêtu*). Cette transcription terminée, nous avons fait mention de la rectification ordonnée, en marge de l'acte rectifié, et nous en avons dressé le présent acte, dont nous avons donné lecture au comparant et que nous avons signé avec lui.

(Suivent les signatures.)

TABLES

DES MATIÈRES.

AVIS IMPORTANT.

DEVOIRS DE MM. LES MAIRES.

Il a semblé superflu de faire une table pour faciliter les recherches des divers travaux que MM. les Maires ont à accomplir dans le courant de l'année, puisque ces travaux sont indiqués mois par mois et presque jour par jour, toutefois, l'on croit utile de rappeler ici que l'on trouve,

A la page 11, l'indication des moyens de guérison pour une personne qui aurait été mordue par un animal enragé.

A la page 12, l'indication des remèdes qu'il convient d'administrer à un noyé.

A la page 17, l'indication des moyens pour rappeler à la vie un asphixié par le froid.

A la page 19, enfin, l'indication des moyens à employer pour sauver un asphixié par strangulation (un pendu).

TABLES.

TABLE

DES

ACTES DE L'ÉTAT-CIVIL.

CAPITRE Ier.

ÉTAT-CIVIL. De l'officier de l'état-civil. Surveillance de l'autorité et communication des registres. Nombre, forme et tenue des registres. Responsabilité de l'officier de l'état-civil. Personnes qui concourent aux actes. Rédactions des actes et pièces à l'appui.

CHAPITRE II.

NAISSANCES. Enfants légitimes. Enfants naturels. Quelques cas particuliers. Enfants trouvés. Enfants morts. Jumeaux. De la reconnaissance des enfants naturels et de l'adoption.

CHAPITRE III.

MARIAGE. Age. Consentement des contractants. Consentements des parents. Actes respectueux Enfants naturels et adoptifs. Engagement dans les ordres. Précédant mariage. Mort civile. Parenté. Veuvage. Publications. Oppositions. Pièces à fournir. Lieu de la célébration. Jour et heure de la célébration. Formalités de la célébration, rédaction de l'acte. Légitimation par mariage subséquant.

CHAPITRE IV.

DÉCÈS. Quelques cas ordinaires de décès. Décès dans certains cas particuliers. Inhumations. Formalités y relatives. Mort violente. Exécution à mort. Décès dans les hôpitaux, maisons publiques, etc. Décès des militaires.

CHAPITRE V.

REGISTRE. **Clôture et dépôt des registres. Tables annuelles et décennales. Déplacement des registres. Communication des Registres. Extraits. Droits d'expéditions. Rectifications des registres.**

TABLE DES FORMULES

DES

ACTES DE L'ÉTAT-CIVIL.

TABLE DES DEVOIRS

Que MM. les Maires

ONT A REMPLIR CHAQUE MOIS.

Ainsi que l'indique l'avis ci-contre, notre première idée n'avait point été de faire une table des divers travaux que MM. les Maires ont à remplir chaque mois, mais au moment de leur soumettre ce petit recueil, nous avons reconnu que l'établissement d'une table alphabétique pourrait-être quelque fois utile, et nous avons réalisé notre pensée immédiatement. Cela explique suffisamment l'anomalie qui existe entre l'avis ci-contre et les renvois ci-après.

A.

B.

C.

D.

E.

9 782329 056432